글 _ 강용철 김영찬 정미선
그림 _ 최정미

창비
Changbi Publishers

머리말

동물들이 모여 〈동물학교〉를 만들었어요. 이곳에서는 모든 동물이 수영, 달리기, 오르기, 날기를 배운답니다.

오리는 수영을 잘했습니다. 날기도 제법이었죠. 하지만 달리기 성적은 낙제였습니다. 달리기 과외를 받던 오리는 그만 물갈퀴가 닳아서 수영도 잘 못하게 되었습니다.

토끼는 달리기를 가장 잘했지만, 물에만 들어가면 맥주병처럼 가라앉아 수영 수업이 있는 날은 아예 학교에 가지 않으려 했지요. 학교에 가는 게 싫어지자 달리기도 재미가 없어졌고요.

다람쥐는 오르기의 달인이었지만 날기가 문제였어요. 나무에서부터라면 조금 날 수 있는데, 선생님이 땅에서 위로 날아오르라고 하는 바람에 좌절하고 말았습니다.

독수리는 날기의 제왕이었죠. 하지만 다른 수업엔 아예 참석도 하지 않았어요. 학교에서 친구들과 어울리지 못한 독수리는 결국 비행 청소년이 되었습니다.

드디어 〈동물학교〉 졸업식 날, 과연 누가 졸업생 대표를 맡았을까요? 그건 바로 뱀장어였습니다. 뱀장어는 수영을 제법 잘하고 달리기와 오르기, 날기도 약간씩 할 줄 알았거든요. 하지만 누구도 남들보다 뛰어난 재주를 하나씩 지닌 오리, 토끼, 다람쥐, 독수리를 축하해 주지 않았어요.

위 글은 교육학자 리브스가 쓴 〈동물학교〉라는 우화의 내용입니다. 〈동물학교〉는 학생 각자의 개성을 고려하지 않고 천편일률적인 지식만을 강요할 때 학교 교육은 '뱀장어 교육'이 될 수 있다고 경고합니다.

교육 현장에서 국어를 가르쳐 온 우리는, 의식하지 못하는 사이 지금껏 이러한 '뱀장어 교육'을 해 왔던 것이 아니었는지 뼈아프게 반성했습니다. 오랜 반성의 결과물인 〈나에게 말 걸기〉를 통해 아이들이 자신만의 개성을 찾고 생각을 키우는 방법을 배웠으면 합니다.

이를 위해 먼저 폭넓은 책 읽기로 개념에 대한 이해를 확장하고, 다양한 사회 현상에 접목하여 생각해 보며, 이것을 다시 토론과 글쓰기로 표현하도록 엮어 보았습니다. 즐겁게 읽는 가운데 저절로 생각이 자라는, 메아리 같은 책이 되기를 바랍니다.

이 책을 통해 만나게 될 민재와 서연이, 동칠이 등은 우리 주위에서 쉽게 찾아볼 수 있는 친구들이지요. 헐랭 샘, 샤방 샘, 반듯 샘, 명랑 샘도 현실 속에서 만나볼 수 있는 선생님들입니다. 우리 함께 나에게 말을 거는 행복한 여행을 떠나 볼까요? '나'에서 출발하여 '문화'를 느끼고 '사회'를 만나는 모험으로 이어질 아름다운 여행, 여러분의 생각을 가득 채울 큰 배낭 하나 들쳐 메고 신나게 출발해 봅시다.

강용철 김영찬 정미선

차례

나오는 사람들

- **고인재**
  '삐딱이'라는 별명처럼 까칠하고 삐딱한 한빛중학교 1학년생. 쌍둥이 남매인 단비와 늘 티격
  태격한다. 동칠이와는 둘도 없는 친구이며, 서연이에게 마음이 있다. 장래 희망은 세계적인
  기타리스트.

- **도서연**
  약간의 공주병 증세가 있으나 매사에 긍정적이고 똑똑한 친구. 책 읽기를 좋아하고 상식이
  풍부해 다른 친구들의 부러움을 사기도 한다. 자존심이 강해 보이지만 자신의 잘못은 인정
  할 줄도 아는 멋진 친구.

- **신동칠**
  언제나 똥칠이라고 불리는 민재의 단짝. 어리바리하고 엉뚱하기로는 당할 사람이 없다. 항상
  웃음을 잃지 않으며 교실을 소란스럽게 하지만, 때로는 진지한 면도 보여 준다. 멋진 춤꾼을
  꿈꾸는 친구.

- **고단비**
  민재의 쌍둥이 여동생. 화가 나면 참지 못하는 다혈질 소녀. 까칠한 민재와 항상 부딪치지만 속
  마음으로는 늘 따뜻하게 오빠를 배려한다. 토끼 이빨이 매력적인 친구.

- **난동경**
  따뜻한 성격과 모범적인 생활로 인기를 독차지하는 반장. 남의 의견을 잘 들어 주지만 토론
  에서는 날카로운 모습을 보이기도 한다. 훌륭한 법관이 되고자 하는 친구.

- **임유나**
  연예인 지망생으로 외모에 관심이 많고 몸매 관리를 목숨처럼 생각한다. 실수와 반성이 동시다발
  적으로 일어나는 소녀이다. 당돌한 성격으로 학급에서도 기발한 제안을 많이 하는 발랄한 친구.

임유나   고단비   고인재   도서연   신동칠   난동경

헐렁 영찬 샘

반듯 미선 샘

사방 용철 샘

명랑 예리 샘

● 헐렁 영찬 샘

겉보기엔 꺼벙하지만 정이 넘치는 노총각 국어 선생님. 매번 알면서도 아이들의 장난에 속아 준다. 같은 옷 오래 입기, 슬리퍼 오래 신기라면 기네스북에 오를 인물. 미선 샘에게 마음이 있는 듯.

● 반듯 미선 샘

단정하고 예의 있는 태도를 중시하는 도덕 선생님. 삐딱한 민재부터 산만한 동칠이까지 모든 아이들을 늘 편견 없이 대한다. 아이들 사이에 갈등이 있으면 항상 나서서 돕는 따뜻한 성격.

● 사방 용철 샘

파격적인 반짝이 의상과 나비넥타이로 아이들을 즐겁게 하는 신세대 사회 선생님. 화려한 입심과 재미있는 자료로 지루한 수업 분위기를 날려 버리는 자칭 매력남. 주특기는 침으로 장풍을 날리는 '짜샤빠샤'.

● 명랑 예리 샘

폭넓은 지식을 재미있게 전달할 줄 아는 과학 선생님. 동칠이의 생각 없는 대답에서도 의미를 찾아내곤 한다. 과학 현상에 관심이 많으면서도 비과학적인 헐랭 샘에게 관심이 많은 의문의 성격.

나에게 말 걸기

하나. 나는 누구지?

나는 뭐니, 대체!

민재는 속상하다. 동칠이야 생각이 없는 녀석이니 당연하고, 헐렁 샘도 원래 헐렁한 분이니 그렇다 쳐도, 서연이까지 자신의 진면목을 몰라준다는 게 민재는 못내 서운하다. 게다가 별명이라고 하나 있는 것이 '삐딱이'라니!

민재는 단지 '좋은 게 좋은 거'라는 생각에 동의하지 못할 뿐이다. 동칠이처럼 매사를 얼렁뚱땅 넘어가는 건 딱 질색이다. 잘못된 건 잘못되었다고 짚고 넘어가야 개선의 여지가 있는 거 아닌가?

"누가 그러더라, 너 자신을 알라고!"

서연이의 말이 자꾸 들려온다. 소크라테스의 '너 자신을 알라!'는 말을 서연이에게 들을 줄은 몰랐다.

"쳇, 마음대로 해 보라지. 자긴 뭐 대단한 줄 알고……."

그러면서도 민재는 과연 자기가 생각하는 자신의 모습과 남들이 알고 있는 자신의 모습이 어떻게 다른 건지 궁금하다.

'나는 누구지? 내가 알고 있는 내가 진짜 내가 아닐 수도 있나? 남들은 나에 대해 얼마나 알고 있을까?'

자기다움이란

● 반듯 미선 쌤의 도덕 수업

짜잔~ 하이루, 여러분! 방가방가! 여러분의 완소 반듯 쌤이에요. 오늘도 다들 굿모닝 맞으셨삼? 선생님이야 당근 활기차죠~ 어허, 똥칠이! 열공해야 할 학생이 또 책상 밑에 만화책을 펼쳐 놓고 있군. 대략난감이네. 이러니 우리 반 성적이 당최 압박을 받는 거 아니냔 말이야. 좌우당간 책들 펴세옷.

어때요? 늘 반듯한 선생님도 한 번쯤 발랄하게 인사해 보고 싶어서 준비했는데, 톡톡 튀는 매력이 잘 느껴지나요? 어라, 똥칠이 표정이 왜 그러죠? 뭐? 지못미라고?

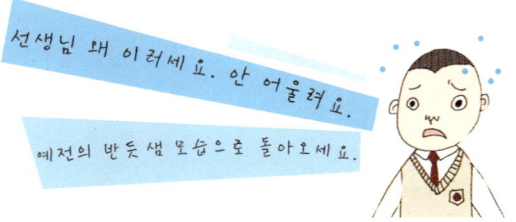

선생님 왜 이러세요. 안 어울려요. 예전의 반듯 쌤 모습으로 돌아오세요.

그래요. 선생님이 아무리 유행어를 많이 사용하고 발랄하게 인사해도 여러분 눈에는 이상하게만 보일 거예요. 여러분도 알다시피 선생님은 긍정적이고 예의 바른 태도를 중요하게 생각하지요. 단정한 외모를 좋아해서 정장을 즐겨 입고요. 그게 바로 선생님의 '자기다움'일 거예요. 이번 시간에는 여러분과 함께 자기다움이란 무엇인지 공부해 보겠어요. 자, 그럼 지금부터 자기다움을 가장 잘 드러냈다고 생각하는 인물을 각자 소개해 볼까요?

피겨스케이팅 선수 김연아 누나요. 자신이 좋아하는 것을 위해 최선을 다했고, 지금은 자신만의 기술과 표현력으로 세계적인 선수가 되었어요. 성격도 완전 대인배래요.

알쏭달쏭한 미소와 뾰족한 콧수염, 검은 중절모로 유명한 찰리 채플린을 소개할래요. 중절모만 봐도 채플린이 떠올라요. 전 가끔 이 아저씨를 따라 하기도 해요. 하하.

미술 시간에 배운 이중섭이요. 이중섭은 큰 눈망울, 붉고 푸른 색, 굵은 선으로 독특한 소의 모습을 그렸어요. 그래서 누구나 이중섭의 소를 알아볼 수 있어요.

맞아요. 여러분이 이야기한 인물들은 모두 자기다움을 잘 표현했지요. 그래서 사람들의 기억 속에 오래 남아 있는 것일 테고요.

이렇듯 사람이라면 누구나 자기 자신에 대한 의식이나 관념이 있습니다. 이것을 '자아'라고 해요. 우리는 참다운 자신의 모습이 무엇인지 찾아낼 수 있어야 합니다.

자아란 본질적으로 변하지 않는 자신의 실체이다.

자, 이번에는 '바람' 하면 떠오르는 것을 이야기해 보세요.

봄바람, 바람개비, 태풍, 똥칠이는 뭐? 바람둥이? 똥칠이가 수업 끝나고 교무실에서 나머지 공부를 하고 싶은가 보네요.

선생님은 '바람의 딸'이 떠올라요. 그래요, 바로 한비야 씨입니다. 오지 여행과 국제 구호 활동으로 유명한 분이지요.

한비야 씨는 '바람의 딸'이라는 별명에 걸맞게 전 세계를 바람처럼 누볐습니다. 거칠고 험한 세계의 오지를 장장 7년 동안 걸어서 일주했지요. 한비야 씨는 그곳에서 기아와 질병에 시달리는 많은 난민들과 친구가 될 수 있었어요. 그리고 그때 얻은 깨달음을 바탕으로 지금 국제 구호단체의 구호팀장으로 활동하고 있습니다. 그렇게 힘들고 위험한 일을 왜 하느냐는 질문에 한비야 씨는 이렇게 답했다고 해요. "이 일이 내 가슴을 뛰게 하기 때문입니다. 내 피를 끓게 하기 때문입니다."

한비야 씨의 의지와 노력이 놀랍지요? 이러한 결과는 한비야 씨만의 자기다움이 만들었다고 생각합니다.

이렇게 자기다움을 이루는 요소에는 세 가지가 있어요. 어떤 일을 해낼 수 있는 '능력', 원하는 것을 확실하게 아는 '소망', 사회적 존재로서 해야 할 일과 해서는 안 되는 일이 무엇인지를 아는 '의무'입니다.

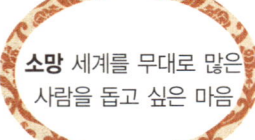

소망 세계를 무대로 많은 사람을 돕고 싶은 마음

능력 풍부한 경험과 공부로 습득한 국제 감각

의무 개인적인 시간을 포기하고 고통과 위험을 감수

자, 지금까지 배운 내용을 바탕으로 자기다움이 드러나도록 '나는 누구인지' 발표해 볼까요? 서연이가 먼저 이야기해 보죠.

저는 도씨 가문의 108대 손인 도서연입니다. 제 이름은 글 서(書)에 자리 연(筵), 즉 책을 읽는 자리라는 뜻입니다. 고려 때 임금 앞에서 경서를 강론하던 자리를 서연이라고도 했답니다. 그래서 그런지 저는 책 읽는 것을 좋아합니다. 성격은 밝고 명랑한 편이며, 공부에 대한 욕심이 많습니다.

와, 자신의 뿌리부터 이름, 성격까지 잘 이야기했군요. 그 옆에 삐딱한 표정으로 앉아 있는 민재! 자신을 소개해 주세요.

저는 고민재입니다. 친구들은 저를 보고 삐딱이라고 부르지만, 꼭 그렇지만은 않아요. 저는 제가 누군지 잘 모르겠어요. 누가 좀 알려 줬으면 좋겠는데, 얼마 전에 엄마에게 여쭤 봤더니 학교에서 무슨 사고 쳤냐고 하시더군요. 도대체 답이 없네요.

친구들이 민재의 발표에 야유를 보낸 이유가 뭘까요? 삐딱하지 않다고 한 부분 때문인가요? 호호.

자, 그러면 자기다움에 대해 궁금했던 점이 있으면 말해 보세요.

저는 어렸을 때 동네 어른들이 "너 다리 밑에서 주워왔다."라고 말씀하시면 막 울면서 다리 밑에 가 봤어요. 하지만 요즘은 이런 말을 들어도 아무렇지 않아요. 뭐가 달라진 거죠?

선생님도 어릴 때 그런 이야기를 들었어요. 이제 그런 이야기를 들어도 울지 않는 건, "누가 뭐라 해도 난 부모님의 자식이다."라는 믿음과 자의식이 강해졌기 때문이에요.

> 그럼 선생님, 서연이처럼 자꾸 거울을 보면서 자기가 마치 공주라도 된 것처럼 행동하는 것은 아직 자신을 제대로 알지 못해서죠?

어머! 민재, 위험한 발언을 하네. 너희들 다툰 거니? 거울을 보며, 자신만의 개성을 찾고 자신감을 가지는 건, 공주처럼 구는 것과는 다르지 않을까요?

> 선생님, 천방지축으로 나대면서 만날 삐딱하게 시비나 걸고, 자신을 제대로 모르는 애가 있다면 어떤 방법으로 주제 파악을 하게 해야 하나요?

> 야, 내가 답변해 줄게. 그 유명한 말 있잖아. "네 꼬라지를 알라." 소크라테이블이라는 철학자가 한 말이지. 흠~

하하. 자신에 대해 객관적인 판단을 하기는 쉽지 않아요. 그래서 남의 이야기나 조언을 들어 봐야 하죠. 이때, 다른 사람들의 평가를 겸허하게 들을 줄 아는 열린 태도가 필요해요.

> 샘, 민재와 저는 쌍둥이로 같이 컸지만 정말 심하게 다르거든요. 저는 외출을 하려면 샤워도 하고 예쁘게 꽃단장을 하는데요, 민재는 씻지도 않으면서 꼭 머리에 뭘 발라야만 나가요. 왜 이렇게 다른 거죠?

하하, 여러분 모두 자기다움에 대해 생각이 많군요. 이렇게 자기 자신을 궁금해 하는 것이 바로 '자아 정체감'입니다. 그럼 종이 울렸으니 자아 정체감에 대해 정리하고 수업을 마칠까요?

자아 정체감이란 시간이 흘러도 자기 자신을 본질적으로 변하지 않는 실체로 인식하는 개인의 느낌을 말해요. 책에 있는 설명인데, 솔직히 무슨 말인지 못 알아듣겠죠? 쉽게 이야기하면 자신이 누구인지, 가정과 사회에서 어떤 역할을 해야 하는지를 아는 것이지요. 즉 자신의 성격, 취향, 가치관, 능력, 관심, 인간관, 세계관, 미래관 등을 이해하는 것입니다.

> 자아 정체감이란 자신이 누구인지, 가정과 사회에서 어떤
> 역할을 해야 하는지를 아는 것이다.

당당한 자기다움, 개성을 찾아서

● 샤방 용철 샘의 사회 수업

샤방 샘의 사회 시간은 그야말로 한 편의 드라마이다. 오늘도 교실에 들어오자마자, 엎드린 녀석들에게 '짜샤빠샤'를 날리는 샤방 샘. 손에서 장풍은 나오지 않지만 입에서 나오는 침이 거의 흉기 수준이다.

"나는 샤방 샘이다. 나는 한다면 하는 성격이다. 이게 나다. 나는 뭐든지 할 수가 있다. 음하하하!"

또 시작이다. 침의 파편을 얼굴로 막던 민재가 이야기한다.

"샘은 정말 대단하세요. 자, 그럼 한번 날아 보세요."

그러자 샤방 샘이 대답한다.

"허허, 대단한 게 아니라 개성이 강한 거야. 자, 수업하기 전에 너희들의 생각을 알아보자. 여기 내가 그동안 선 본 여인들의 사진 수백 장 중, 극히 일부만 가져왔다. 너희라면 누구와 결혼할지 마음에 드는 여인의 사진에 스티커를 붙여 봐라."

"그런데 정말 수백 명이랑 선을 보신 거예요?"

"…… 어허!"

　샤방 샘은 결과를 보고 띠용 소리가 나게 눈동자를 가운데로 모으며 놀란 표정을 짓는다.

　"사회는 빠르게 변화하는데 미에 대한 너희들의 기준은 왜 이렇게 획일적이니. 35명의 개성이 모였는데 이렇게 취향들이 비슷해서야……. 민재, 너는 내가 어떤 여인을 선택할 것 같니?"

　"선생님은 아주 독특하시니까, 아마도 4번이 아닐까요?"

　"하하. 일단 나 정도면 외모에서 2세 걱정은 없으니까, 건강이 무엇보다 중요하다고 생각해. 그래서인지 1번 여인에게서 풍겨 나오는 건강미가 가장 마음에 드는걸. 1번 짱!"

　샤방 샘은 개성이 없는 획일화된 사회, 무조건 유행을 따라가는 사람들과 관련하여 다음 노래를 들려준다.

자, 이제는 모두 다 유행 신경 쓰지 말고,

서로의 개성을 살리자, 신세대여.

키가 작은 남자, 키 큰 여자와 팔짱 끼고 걷고 다니네.

못생긴 여자, 잘생긴 남자 팔짱 끼고 웃고 서 있네.

짝 달라붙은 짧은 반바지를 입고 긴 머리를 날리는 남자와

요리조리 찢은 긴 청바지에 스포츠머리를 한 여자.

서로의 개성을 살리자, 신세대여.

HOT 〈개성시대〉 중

샤방 샘은 각자가 자기만의 특징을 살려서 당당하게 살아가는 것이 건강한
사회를 이루는 조건이라고 설명하면서, 이번엔 그림을 보여 준다.

"왼쪽은 레오나르도 다빈치의 〈모나리자〉고 오른쪽은 혜원 신윤복이 그린
〈미인도〉야. 두 인물 모두 상당한 미인이지?"

"에이, 첫 번째 여인은 눈썹도 없고, 손으로 배에 있는 인격을 가리고 있어요. 두 번째 여인은 쥐 잡아먹은 듯 입술만 빨개요. 머리도 몇 겹으로 올려서 무거울 것 같고요."

동칠이의 말에 아이들이 박장대소한다. 웃음이 잦아들 무렵, 샤방 샘이 분위기를 차분히 정리한다.

"〈모나리자〉에 등장하는 여인에게 눈썹이 없는 건 15세기 유럽의 화장법 때문이야. 〈미인도〉에 등장하는 여인이 일종의 가발인 가체 머리를 하고 입술을 붉게 물들인 것도 당시의 취향을 반영한 거지. 이처럼 시대와 장소에 따라 아름다움의 기준은 달라진단다. 즉 아름다움의 기준이란 결코 절대적인 것이 아니지. 그렇다면 일시적인 유행을 따르기보다는 자신만의 아름다움을 발견하고 표현하는 게 중요하지 않을까? 당당한 자기다움, 바로 개성 말이야."

개성은 다른 사람과 구별되는 자신만의 고유한 특성이다.

자아 정체감　성격, 취향, 가치관, 능력, 관심, 인간관, 세계관, 미래관 등을 이해하는 것. 즉 자신이 누구인지, 자신의 역할이 무엇인지를 아는 것이다.

우리 집 이야기

　우리 아빠 고대한 씨는 신문 보는 것이 취미인 분이시다. 출근하기 전 신문을 훑어보고 나와 단비가 읽을 만한 부분이 나오면 꼭 표시를 해 놓으신다. 퇴근 후에는 우리를 불러 아침에 표시해 둔 부분을 읽게 하신다. 읽는 것으로 그치면 오죽 좋으련만 서로 자기 생각을 말해 보라고 하시는데 아주 죽을 맛이다. 단비는 자신의 영특함을 뽐낼 수 있어 좋아하는 것 같지만.

　"민재야 이리 와 보렴. 단비도 같이 보자."

　아빠의 말씀에 단비가 쪼르르 달려가 옆에 앉았다. 난 어물거리며 짜증 섞인 목소리로 말했다.

　"오늘도 신문 기사예요? 이거 본다고 성적이 좋아지나요?"

　"으이그 저 삐딱이, 또 삐딱하게 이야기한다. 학교에서도 저래서 놀림 받더니. 아빠, 신경 쓰지 말고 이야기해 주세요."

　"난 기타리스트가 될 거란 말이야. 백날 신문 본다고 기타 솜씨가 좋아지냐?"

　티격태격하는 우리를 본 아빠가 온화하게 웃으며 말씀하셨다.

　"음악가라고 신문을 안 본다는 법은 없지. 여기 '장기하'라는 음악가에 대한 기사가 있구나. 민재도 궁금하지 않니?"

　음악가라는 말에 솔깃해져 신문을 펴 보자 아빠와 단비가 마주 보며 슬며시 웃었다. 쳇!

"민재와 단비는 이 기사를 보고 어떤 생각이 드니? 민재가 먼저 말해 볼래?"

"싸구려 커피는 건강에 안 좋다! 뭐 그런 거 아닌가요?"

아빠가 대답 대신 단비를 쳐다보셨다.

"아빠, 저도 장기하 오빠처럼 나만의 개성을 찾아야겠어요. 먼저 제가 좋아하는 것과 잘하는 것이 무엇인지 생각해 보기로 했어요. 현대를 살아가는 청소년으로서……."

난 단비의 재미없는 대답에 하품을 하다가, 턱이 빠지는 줄 알고 깜짝 놀랐다. 눈물을 찔끔 흘리는 나를 보며 아빠가 허허 웃으셨다.

"민재는 단비 이야기 듣고 뭐 할 말 없냐?"

"서연이네는 딴 신문 보는데 그게 더 좋다고 하던데요."

내 말에 단비가 기막히다는 듯 말했다.

"넌 다른 건 다 삐딱하면서 서연이 말은 다 옳은 줄 알더라? 너희들 싸웠다면서 이젠 화해한 거야?"

"흥, 장기하 형에 대한 기사를 읽고, 나도 사람마다 개성이 다르다는 사실을 받아들이기로 했어."

"오호, 좋은 생각이기는 한데, 삐딱한 성격이 어디 갈까?"

인디계의 '서태지' 탄생일까, '산울림'의 재림일까

'장기하와 얼굴들'의 싱글 앨범 〈싸구려 커피〉의 성공 이후 최근 발매된 1집 앨범 〈별일 없이 산다〉가 현재 각종 음반 판매 순위에서 10위권 안에 들어가 있다. 인터넷에선 그의 동영상이 인기 절정이고, 라디오에서도 "장판이 난지 내가 장판인지도 몰라."라는 듣도 보도 못한 랩을 흥얼거리는 그의 노래를 쉽게 들을 수 있다.

어디 그뿐인가. 여전히 '문화 대통령'으로 군림하고 있는 서태지와는 이제 곧 한 무대에 선다. 서태지가 두 번째 싱글 발매 기념 공연에 그들을 손님으로 초대한 것이다. 사실 리더 장기하가 20대에게는 '인디계의 서태지'라 불리고 있으니, 그리 놀랄 만한 초대도 아니다. 그리고 포크송과 락의 세례를 받아 온 30, 40대는 한참 동생뻘 되는 그의 등장을 "산울림, 혹은 송골매의 재림"이라고 표현하기도 한다.

이런 '장기하와 얼굴들'의 인기 비결을 멀리서 찾을 필요가 없다.

"현학적인 말 쓰는 걸 원래 좋아하지 않는다. 또 내가 엄청난 예술가로 인정받고 싶은 마음도 없다. 그냥 내 취향일 뿐이다. 일상적인 말로 가사를 쓴다. 내 음악이 짜임새가 있었으면 하지만, 난해하거나 위압감은 없었으면 한다."

사실 그렇다. '장기하와 얼굴들' 음악의 큰 특징 중 하나가 바로 입에 착 달라붙는 일상의 언어로 쓴 솔직한 가사다. 이를테면 이런 식이다.

"뭐 한 몇 년간 세숫대야에 고인 물 마냥 완전히 썩어 가지고 이거는 뭐 감각이 없어. 비가 내리면 처마 밑에서 쭈그리고 앉아서 멍하니 그냥 가만히 보다 보면 이거는 뭔가 아니다 싶어." – 〈싸구려 커피〉

"네가 들으면 십중팔구 불쾌해질 얘길 들려주마. 오늘 밤 절대로 두 다리 쭉 뻗고 잠들진 못할 거다. 그게 뭐냐 면, 나는 별일 없이 산다. 뭐 별다른 걱정 없다. 나는 별일 없이 산다. 이렇다 할 고민 없다." – 〈별일 없이 산다〉

불황, 위기, 해고와 실업 등의 우울한 단어가 많은 걸 설명해 주는 피곤한 시대. 어쩌면 우리에게 진짜 필요한 것은 '장기하와 얼굴들'의 노래처럼 "이건 네가 절대 믿고 싶지 않을 거다, 나는 별 일 없이 산다, 뭐 별다른 걱정 없다"라고 외칠 줄 아는 그 '깡다구'인지도 모른다.

오마이뉴스 박상규 시민기자

2009-03-12

자기다움을 잘 드러내려면

● 헐랭 영찬 샘의 독서 시간

헐랭 샘이 논술 동아리 친구들에게 한턱 쏜다는 날이다. 민재, 서연이, 동칠이가 학교 앞 서점으로 쏜살같이 달려간다.

"내일은 아마 해가 서쪽에서 뜰 거야."

서연이가 여기저기 책들을 만지면서 이야기한다.

"야, 그런데 한턱 쏘려면 중국집이나 분식집에서 만날 것이지 왜 하필 서점이냐? 누가 도서관 담당 샘 아니랄까 봐."

민재가 의심스럽다는 듯 묻는다.

"삐딱아, 이 선생님께 다 생각이 있느니라."

헐랭 샘이 민재 뒤에서 들어오며 이야기한다.

"와, 선생님. 맛있는 거 많이 사 주시는 거죠? 어디로 갈까요?"

동칠이의 말에 헐랭 샘이 웃으면서 이야기한다.

"여기에서 한턱 쏠 거다."

"아니, 여기 먹을 것이 어디 있다고……."

"짜아식, 저기 뭐라고 쓰여 있는지 읽어 봐라."

헐랭 샘의 말에 민재와 동칠이가 동시에 읽는다.

"책은 마음의 양식입니다."

"자, 누가 먼저 고를래?"

민재가 고른 책 〈돈 끼호떼〉

　전 자신의 꿈을 향해 끊임없이 도전하는 돈 끼호떼의 모험 정신이 좋아요. 불의를 물리치고 정의를 실현하려는 돈 끼호떼는 저의 우상이에요.

서연이가 고른 책 〈햄릿〉

　행동하기 전에 항상 심사숙고하는 태도가 저랑 닮았어요. "To be or not to be, That is the question."

동칠이가 고른 책 〈완득이〉

　자신만의 개성 있는 꿈을 발견하고 꿋꿋하게 나아가는 완득이가 짱이에요.

　"각자 자기 개성에 맞는 책들을 골라 왔구나. 민재는 민재답고 서연이는 서연이답고 똥칠이는 똥칠이답다는 말이야.

　자아가 강하다는 것은 남들과 다른, 자신만의 확고한 세계를 형성하는 거야. 그럼 자신의 모습을 생각해 보자. 각자 자신만의 꿈을 가지고 있지? 꿈을 이루기 위해서는 꿈꾸는 연습을 해야 한다는 사실을 기억하고, 자아실현을 위해 무엇을 준비해야 할지 생각해 봐. 그 생각을 토대로 자아실현 시간표를 짜보면 좋을 거야. 자아실현 시간표는 샤방 샘 전문이니까 샤방 샘 수업 시간까지 기다리도록. 이상! 나는 이제 나의 꿈을 향해 날아간다. 휘융~"

● 샤방 용철 샘의 토론 시간

샤방 샘과 함께 하는 토론 시간이다.

"헐랭 샘과 서점에 잘 다녀왔니? 헐랭 샘이 날아가시면서 자아실현이라는 주제를 던지셨더구나. 자, 헐랭 샘의 수업에 이어 토론 수업을 시작해 보자."

샤방 샘은 자아실현을 위해서는 먼저 자신이 누구인지 알아야 한다고 말한다. 그러기 위해서 과연 청소년들이 어떻게 시간을 보내고 있는지 통계 자료를 먼저 살펴보기로 한다.

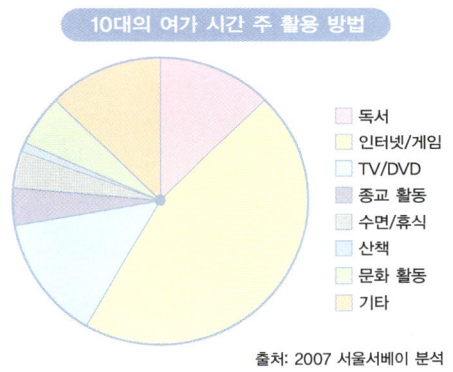

출처: 2007 서울서베이 분석

자아실현 시간표

1. 내가 좋아하는 것:
2. 내가 잘하는 것:
3. 나의 목표:

항목	활동 시간	구체적 활동, 설정 이유
독서		
인터넷/게임		
TV/DVD		
종교 활동		
수면/휴식		
산책		
문화 활동		
기타		

"'나는 소중하니까!'라는 어느 광고의 구절처럼 자신을 소중하게 가꾸기 위해 시간과 노력을 투자해야 한다. 효율적인 시간 활용을 위해 필요한 것이 바로 '자아실현 시간표'이지.

이제 각자 자아실현 시간표를 만들어 보자. 그런데 자아실현 시간표를 만들고 실천하려는 순간, 이런저런 현실적 문제들이 발목을 잡지? 그래. 현실은 우리에게 똑같은 모습을 강요하는지도 몰라. 어떻게든 혼자서 문제를 풀어 보려고 했는데도 잘 해결되지 않을 때는 합리적으로 의견을 모으는 과정이 필요하다. 그것이 바로 토의, 토론이야."

샤방 샘의 설명에 따라 아이들은 자아실현을 위한 조건으로 무엇이 있는지 의견을 나누어 보기로 한다.

자기 계발을 위해 여러 가지 경험을 해야 한다고 하지만 우리에겐 문화 공간이 별로 없어요. 집 밖에 나가 봐야 피시방, 노래방뿐이지요. 우리 보고 건전하게 놀라고 하지만 놀 곳도 마련해 주지 않는 것은 사회의 책임이라고 봐요.

자기 자신이 노력해야 해요. 다양한 경험이 필요하지만 그것은 누가 해 주는 것이 아니니까요. 혼자서 시내라도 직접 나가 보고 경험해 봐야 하는 거예요.

"대학, 대학!" 하지 않았으면 좋겠어요. 우리도 하고 싶은 거 많아요. 근데 학교에 가면 성적이 낮아서 다 할 수 없다고 말해요. 그런 거라면 꿈을 꿀 필요도 없죠. 학교에서부터 성적으로만 평가하는 것을 멈춰야 해요.

사람을 많이 만날 수 있는 일을 해야 해요. 청소년기에 직업을 가질 수는 없으니까 노인정, 보육원 등에서 자원봉사를 하면서 남과 다른 나만의 인생을 설계해 봐야 해요. 그것을 다른 사람과 비교해 보면 내가 누구인지 더 잘 알 수 있어요.

다양한 지식을 얻을 수 있도록 동네에 전문 도서관이 많아야 해요. 다양한 정보를 얻을 수 있는 도서관이 많으면 자아를 실현하는 데 도움이 되겠죠? 빌 게이츠도 "지금의 나를 있게 한 것은 마을의 작은 도서관이었다."라고 했잖아요.

반듯 샘 특강

토론이란

1. 토론이란 무엇인가요?

어떤 문제에 대해 깊이 있게 이해하기 위하여 논쟁적인 질문에 대해 각자의 생각을 나누면서 논의하는 말하기 과정입니다.

2. 토론을 하면 어떤 점이 좋은가요?

가. 다른 이와 생각을 나누면서 자신의 생각을 수정하고 보충해요.

나. 함께 토론하며 생각을 확장하고 문제 해결 능력을 익혀요.

다. 토론을 위한 준비성, 충실성, 논리성, 토론 참여 방법을 알게 돼요.

3. 토론에는 어떤 종류가 있나요?

가. 대집단 토론

　　1) 패널 토론: 전문가 간의 토론 → 청중 질문

　　2) 심포지엄: 주제 발표 → 토론자 각자 의견 제시

　　3) 포럼: 주제 발표 → 패널 간 토론

　　4) 찬반 토론: 찬성과 반대의 입장을 가진 대표자 간의 토론

나. 소집단 토론

　　1) 원탁 토론: 참가자 모두가 평등한 입장에서 의견 제시

　　2) 직소우 토론: 과제별 소집단 토론 → 과제에 따른 전문가 양성 → 소집단으로 돌아가 설명

　　3) 상황 토론: 제시된 상황에 등장하는 인물의 역할을 맡아 자신의 생각을 표현

　　4) 신호등 토론: 찬성(녹색), 반대(빨간색), 유보(노란색) 카드를 들고 토론에 참여

　　5) 모서리 토론: 입장에 따라 모서리로 이동하여 입장을 정해 토론

　　6) 브레인라이팅: 창의적 아이디어 제출 → 게시판에 분류하여 부착

이것이 바로 나!

● 헐랭 영찬 샘의 논술 시간

　　방과 후 학교 논술반 친구들은 도망을 가지 않는다. 아니 못 가는 거다. 민재도 한 번 도망간 적이 있는데, 친구들과 피시방에 갔다가 늦게 집에 들어가 보니 어머니 핸드폰으로 그날 논술반 담당이었던 헐랭 샘의 문자가 와 있었다. 그때 생각을 하면 지금도 종아리가 얼얼하다.

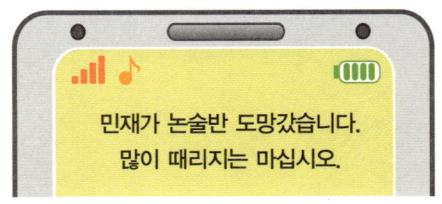

민재가 논술반 도망갔습니다.
많이 때리지는 마십시오.

　　교실에 들어온 헐랭 샘이 나란히 앉아 있는 민재와 서연이에게 한마디 한다.

　　"민재랑 서연이, 벌써 맞짱 한 번 떴냐? 같이 앉아 있는 걸 보니 서연이가 이긴 모양이지?"

　　"아뇨. 전 서연이의 말을 참고해서 제 단점을 고치기로 했어요. 나를 알기 위해선 다른 사람의 생각에도 귀 기울여야 하거든요."

　　"오호, 그렇지. 그리고 자신의 성격을 파악하는 또 다른 방법이 하나 있단다. 자신이 특정한 상황에 처해 있다고 가정해 보는 거야. 상황을 받아들이는 태도나 문제를 해결하는 방법에 자신의 성격이나 관심, 가치관 등이 드러나거든. 그래서 내가 준비했다. 짜자잔!"

<글제>
나의 삶이 단 사흘밖에 남지 않았다면
나는 무슨 일을 할 것인지 써 보자.

1. 나만의 추억, 나만의 행동, 삶의 우선순위 정하기
2. 600자 내외로 쓰기

〈민재의 글〉

나의 삶이 단 사흘밖에 남지 않았다고 생각하니 얼마 살지는 않았지만 후회가 앞선다…… 라고 쓰는 것이 헐랭 샘의 바람일 테지만, 난 나의 죽음을 달갑게 받아들일 것이다. 허무하게 죽기보다 멋지게 죽고 싶다. 그게 나다운 죽음이 아니겠는가?

나에게 남은 사흘 중 첫날은 감사와 사과의 날로 보내고 싶다. 나를 낳고 길러 주신 부모님, 나를 처음으로 믿어 준 반듯 샘, 그리고 나의 첫사랑 서연이. 흑흑 너랑 결혼하고 싶었는데……. 그리고 내가 피해를 준 많은 사람들, 얄밉지만 사랑하는 내 동생 단비, 어쨌거나 저쨌거나 나의 절친 똥칠이, 장가도 못 갔다고 놀린 헐랭 샘. 나에게 죽임을 당한 죄 없는 개미들과 잠자리들아, 미안해.

이틀째는 나의 온 열정을 불사르기 위해 콘서트를 열 것이다. 이 세상에서 가장 오래 사는 것이 '이름'이라고 헐랭 샘이 그러셨다. 기타리스트로서의 내 이름을 사람들이 기억하도록 일생일대의 콘서트를 열어 전 세계에 생중계하겠다.

마지막 사흘째는 안면도에 가고 싶다. 지난 여름 가족과 함께 피서 갔을 때 꽃지 해수욕장에서 본 낙조를 잊을 수가 없다. 태양과 함께 식어 가는 나의 심장을 자연에 맡기고 그렇게 조용히 세상과 작별할 것이다.

안 보면 후회할걸

🗐 1. 책

▣ 돈 끼호떼 / 미겔 데 세르반떼스 / 창비

이상주의적 인물 돈 끼호떼와 현실주의적 인물 산초 빤사를 통해 인간의 내면을 냉철하고 심도 있게 묘사한 작품. 세계 소설사상 최초로 문학 속의 '인간'을 창조해 냈다는 평가를 받을 정도로 개성 넘치는 인물들이 등장한다.

▣ 햄릿 / 윌리엄 셰익스피어 / 민음사

햄릿은 서구 문학사에 한 획을 그었다고 해도 과언이 아닐 정도로 획기적인 인물이다. 행동하기 전에 끊임없이 심사숙고하는 햄릿의 개성은 다음의 대사에 잘 드러나 있다. "사느냐 죽느냐, 그것이 문제로다."

▣ 완득이 / 김려령 / 창비

할 줄 아는 거라고는 주먹질밖에 없지만, 기죽고 좌절하기는커녕 남들이 지레 포기해버린 행복까지 단단히 그러쥐는 완득이. 정해진 길을 맹목적으로 따라가는 대신, 세상과 온몸으로 부딪치는 완득이의 모습을 통해 진정한 자기다움이 무엇인지 확인할 수 있다.

2. 영화

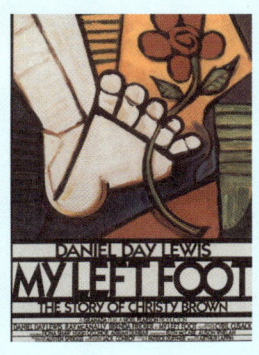

▣ 나의 왼발 / 짐 셰리던 감독

'없는 것'과 '있는 것'이 있다면 '있는 것'을 보여 주는 것이 바로 개성 아닐까. 뇌성마비로 온몸을 쓸 수 없는 소년 크리스트는 유일하게 왼발 신경이 살아 있다. 그는 가족의 도움을 받으며 왼발로 축구를 하고, 그림을 그리고, 글씨를 쓴다.

▣ 열세 살 수아 / 김희정 감독

성인이 되기 전엔 누구나 힘겹게 지나왔지만 "왜 아무도 내 마음을 몰라줄까?" 하고 생각했던 그때의 기분은 이제 더 이상 기억나지 않는다. 아무렇게나 핀 들꽃마냥 의미라곤 없어 보이는 부끄러운 시기 열세 살, 그 열세 살의 끝에는 잊은 줄만 알았던 맑은 눈물과 그리운 미소가 우리를 기다린다.

나에게 말걸기

둘. 가족, 따뜻한 보금자리

오빠가 내 친구니?

민재는 단비와 이란성 쌍생아로, 다행인지 불행인지 단비보다 20분 먼저 태어났다. 스피드 시대를 살아가는 요즘, 쌍둥이 사이에도 세대 차이가 난다지만 단비가 민재를 업신여기는 데는 민재도 인내심의 한계를 느낀다. 20분이면 얼마나 긴 시간인가? 우주에서는 수백 개의 별이 탄생하고 사라지는 시간이다.

"너, 오빠를 꼬박꼬박 민재라고 부를 거야?"

"오빠라고 안 불러도 오빠는 오빠잖아. 그게 뭐가 그렇게 중요해?"

민재는 단비의 말에 명확하게 답변은 못했지만, 여전히 불만이 있다. 명색이 오빠인데 오빠 대접도 못 받고 만날 무시당하는 것 같다. 옛날에는 오빠가 아버지를 대신하기도 했다던데, 오빠로서 체면이 영 서질 않는다.

아빠는 민재에게 집안의 장남 역할을 해야 할 뿐 아니라, 오빠로서 단비를 잘 보살펴야 한다고 늘 말씀하셨다. 민재는 집에 가면 반듯 샘이 내주신 부모님 전기문도 쓸 겸 장남이었던 아빠의 인생 이야기를 들어야겠다고 생각했다.

가족이란

● 반듯 미선 샘의 도덕 수업

　사랑하는 나의 아이들, 안녕! 즐거운 도덕 수업이 돌아왔군요. 이렇게 반가운 것은 우리가 한 가족처럼 느껴지기 때문이지요. 오늘은 가족이란 무엇이고 왜 소중한지 알아보기로 했죠? 아이구, 처음 듣는다고? 어쩜 공부에 대해서는 듣는 속도와 잊는 속도가 똑같니? 가족 소개 또는 부모님의 전기문 쓰기가 숙제였죠? 누가 먼저 발표해 볼까요? 그래, 우리 똥칠이가 손은 참 잘 들어요.

신동칠의 가족 소개

　저는 신동칠입니다. 저희 아버지 성함은 신고산이며, 고향은 강원도 강릉입니다. 저는 신씨 가문의 25대손이고, 9대조 할아버지는 그 유명한 신기전 장군이십니다. 저희 할아버지는 신대팔, 할머니는 우점례, 어머니는 오장순으로 저기 하늘나라에서 저를 보고 계세요. 저는 중학교 1학년이고, 여동생은 초등학교 5학년입니다.

　가족 소개를 하라고 했더니 족보를 소개하고 있군요. 하지만 열심히 발표하는 자세가 좋아요. 그 옆에서 인상 쓰고 있는 민재도 한번 발표해 볼까요?

민재가 쓴 아빠 고대한 님의 전기

 우리 아버지의 성함은 고대한이다. 우리 할아버지 고부자 님께서 애국하며 살라고 붙여 주신 이름이라고 한다. 할머니 의 성함은 강분례이다.

아버지는 2남 5녀 중 장남으로 어린 시절부터 동생들을 돌 보면서 생활하셨다. 학창 시절에는 할아버지를 돕느라 공부를 많이 못하셨지만, 학업에 대한 열정은 늘 가득하셨다고 한다. 반면에 삼촌 고 단한은 공부와는 담을 쌓고, 늘 롤러스케이트장을 휘젓고 다녀 할아버지의 속을 태우셨다고 한다. 그래도 삼촌은 유독 우리 아버지 말씀을 잘 들었는데, 삼촌뿐만 아니라 고모들도 우리 아버지의 말씀이라면 할아버지 말씀 다음으 로 잘 따랐다고 한다.

아버지는 나중에 야간대학을 졸업하고 직장에 취직하셨다. 거기서 경리 사 원으로 일하던 나줌마(지금의 우리 엄마)를 만나 결혼한 후 나와 단비 쌍둥이 남매를 낳고 행복하게 살고 계신다.

두 친구의 발표를 듣고 느낀 점을 이야기해 볼까요? 둘 다 못했다고? 유나 야, 민재 인상 구겨지는 것 안 보이니?

똥칠이는 마치 족보를 옮겨 놓듯 가족들을 나열했고, 민재는 아버지의 행동, 역할, 가치관 등 살아오신 과정을 잘 조사했군요.

그럼 가족 소개나 부모님의 전기 쓰기를 해 보면서 어떤 느낌이 들었는지 발 표해 볼까요?

비록 엄마는 안 계시지만, 우리 조상 중에 위대한 장군이 계시다는 걸 처음으로 알고 자랑스러웠어요. 자랑스럽다, 신동칠! 거룩하다, 신씨 가문! 만세! 만세!! 만만세!!!

아버지는 원래 독신주의자셨대요. 그런데 엄마를 보시고는 첫눈에 반해서 쫓아다니게 됐고, 결국 결혼에 골인했다고 하시더군요. 엄마와 결혼하지 않았으면 후회하셨을 거래요.

저는 엄마와 많은 대화를 했어요. 엄마의 어린 시절은 한 편의 동화처럼 예뻤고, 아빠와의 사랑 이야기는 연애소설처럼 감동적이었어요.

저는 부모님께 정말 감사해요. 세 살 난 저를 입양해서 키워 주셨거든요. 그리고 언젠가는 친부모님을 만나서 얘기를 나누고 싶어요. 그때 친부모님의 전기도 쓸 수 있다면 좋겠어요.

다들 느낌을 솔직하게 잘 말해 줬어요. 발표한 네 친구들에게 박수 한 번 보낼까요?

지금 친구들이 발표한 내용 속에 '가족'의 뜻이 모두 들어 있군요. 똥칠이의 발표를 통해 가족이란 혈연, 그러니까 핏줄에 의해 이루어짐을 알 수 있죠. 민재나 서연이의 발표에서는 결혼에 의해, 유나의 발표에서는 입양에 의해서도 가족이 형성된다는 것을 알 수 있어요. 즉, 가족이란 혈연과 혼인, 또는 입양에 의해 결합된 집단을 말하는 것이죠.

가족은 혈연과 혼인, 또는 입양에 의해 결합된 집단이다.

선생님은 '가족' 하면 〈흥부전〉이 생각나요. 흥부 가족이 모두 몇 명이었는지 알아요? 흥부와 흥부의 아내, 스물아홉 명의 자녀까지 자그마치 서른한 명이었어요. 이 판소리를 한번 들어 보세요.

흥부 내외가 이렇게 고생을 하고 가난하게 지내도 자식만큼은 부자였다. 부부간에 금슬이 좋아 자식을 풀풀이 낳는데, 일 년에 꼭 한 번씩은 아이를 낳되 툭하면 쌍둥이요 간혹 셋씩도 낳는 것이었다. 내외간에 서로 마주보고 눈웃음만 웃어도 그냥 자식이 생겨나 그럭저럭 주워섬겨 놓은 것이 스물아홉이었다. 그 많은 자식들을 옷을 지어 입힐 수 없자 흥부가 꾀를 하나 생각했다. 부잣집에서 짚을 얻어다 엮어서 멍석을 만드는데 군데군데 구멍을 냈다. 아이들을 앉혀 놓고서 죄인에게 칼 씌우듯 구멍 하나에 머리 하나씩 멍석을 딱 씌워 놓으니 몸뚱이는 안 보이고 머리통만 나와서 멍석 위에 검은콩 메주 늘어놓은 모양이 되었다. 아이들이 울어도 앉아서 울고 잠을 자도 앉아서 자고 항상 앉아서 지내는데 그중 어려운 일은 똥 누러 가는 일이었다. 똥이 마려우면 저 혼자 빠져서 가면 되련만 아이들이 미련하여 온 녀석이 다 나가는데, 그 중 키 작은 아이는 발이 땅에 안 닿아 목 졸려 죽는다고 소리치고, 그중 짓궂은 녀석 하나가 다른 아이를 집어 뜯고서 정색을 하고 나면 누가 한 줄을 몰라 한바탕 법석을 떨었다.

  – 신동흔 〈이 박을 타거들랑 밥 한 통만 나오너라〉(나라말 2007)

아이들이 스물아홉이나 되는 흥부 가족이 양식을 구하러 간 흥부를 기다리는 모습이 눈에 선하죠?

인구가 너무 많다며 산아제한 정책을 펴던 30여 년 전이라면 흥부가 비난을 많이 받았겠죠. 대책 없이 아이만 많이 낳았다고 말이에요. 하지만 자녀를 많이 두는 가정에 각종 혜택을 주는 등 출산장려정책을 펴는 오늘날에 살았다면 아마 흥부는 표창을 받았을 거예요.

이렇게 구성된 가족은 여러 가지 기능을 한답니다. 내가 속한 가족을 떠올리며 다음과 같은 가족의 기능을 생각해 보도록 해요.

자녀 출산, 양육, 사회화의 공간

건전한 가치관과 올바른 습관을 형성하는 출발점

의식주와 신체적 안전을 제공하는 생활공동체

교제와 사랑을 통한 정서적 안정감과 휴식 제공

사회를 이루는 가장 기초적인 집단

흥부네는 이러한 가족의 기능을 잘 담당하고 있나요? 그렇지 못하다고요? 맞아요. 그래서 아이들이 다 자랐음에도 불구하고 사회 구성원으로서의 역할을 제대로 못하고 있죠. 이렇게 가족이 제 기능을 다하지 못하면 아이가 올바로 성장하기 어려우니만큼 그 역할은 매우 중요합니다. 사회 구성원으로서 해야 할 몫을 가족 안에서 먼저 배워야 해요. 가족이 모여 하나의 사회를 이루니까요.

우리는 가족을 통해 사회 구성원으로서의 역할을 배운다.

다음 두 사진을 비교해 봅시다.

이 사진처럼 가족의 모습은 시대에 따라 변해요. 예전에는 한집에 여러 세대가 함께 모여 사는 확대가족이 많았지만, 오늘날에는 자녀가 없거나 부부와 미혼자녀로만 이루어진 핵가족이 많죠.

자, 그렇다면 주된 가족 형태가 이처럼 확대가족에서 핵가족으로 변화한 이유는 무엇일까요?

과거의 농경 사회에서는 가족들이 많을수록 일손이 늘어나고 농사를 짓는 데 도움이 되었어요. 하지만 현대사회에서는 다양한 직업이 생기면서 가족 간의 공동 작업이 줄어들게 되었지요.

우리나라는 효(孝)를 근본으로 삼았기 때문에 부모님을 모시는 것이 자녀의 도리라고 생각했어요. 하지만 요즘엔 부모님을 모시지 않고도 효도할 수 있다는 인식이 많아졌지요.

도시에 사는 사람들이 늘어나면서 확대가족이 자연스럽게 해체되어 핵가족이 되었어요.

이렇게 핵가족이 많아지면, 어떤 문제점이 있나요?

떨어져 있는 가족과
교류가 뜸해요.

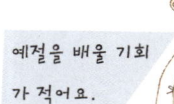

예절을 배울 기회
가 적어요.

아프면 간호할
사람이 없어요.

가족 간의 이해와
협동심이 부족해요.

오늘날에 만연한 개인주의는 가족관에서도 나타나고 있어요. 가족보다 개인의 욕망과 행복을 중요하게 여겨서 다른 가족 구성원을 위해 개인의 삶을 희생하지 않죠. 가족은 자신의 행복에 도움이 될 때만 유지하고, 그렇지 않을 때에는 바로 해체할 수 있다고 생각하는 것입니다. 이런 개인주의 가족관의 문제점은 오늘날 부모의 이혼으로 보호 기관에 맡겨지는 어린이가 많다는 사실로도 짐작할 수 있습니다.

'온고지신(溫故知新)'이라는 말 알지요? 옛것을 익히고 그것을 바탕으로 새것을 안다는 뜻이죠. 전통적 가족관은 가부장의 권위를 강조하고 남녀를 차별하긴 하지만, 공동체적 삶을 강조하는 긍정적인 면도 있어요. 서구적 가족관은 개인주의를 강조해 가족 구성원 사이의 일체감을 부족하게 하지만, 각자의 자유로운 삶과 평등을 추구한다는 좋은 점도 있습니다. 따라서 전통적 가족관의 장점을 계승하고 서구적 가족관의 장점을 수용하는 것이 오늘날 우리가 추구해야 할 가족의 모습이라고 할 수 있어요.

올바른 가족관 = 〈전통적 가족관〉 공동체 의식 + 〈서구적 가족관〉 자유로운 삶과 평등의 추구

가족의 소중함

● 샤방 용철 샘의 사회 수업

언제나 발랄함이 가득하던 샤방 샘의 수업 시간에 민재가 벌을 서고 있다.

"고민재, 너 어떻게 단비에게 그럴 수 있니?"

"죄송합니다. 단비가 자꾸 저를 놀려서 골려 주려고 한 장난이었어요."

"장난이라고? 이 사진 좀 봐라. 어떻게 오빠가 되어서 이런 행동을 해?"

"하지만 단비도……."

민재가 무슨 말을 하려다 만다.

이때 단비가 일어나 이야기한다.

"선생님, 민재도 알고 보면 따뜻한 데가 있어요. 학원에서 밤늦게 집에 갈 때면 골목길에서 기다려 주기도 하는걸요. 샤방 샘, 용서해 주세요."

"어쩜 단비는 마음씨도 그렇게 곱냐? 민재, 일어나서 자리로 가라. 단비 봐서 용서하는 줄 알아!"

서연이가 자리로 가 앉는 민재의 옆구리를 찌르면서 이야기한다.

"야, 너 단비한테 너무한 거 알아?"

"그렇다고 팔뚝에 이렇게 오선지를 그리냐?"

＊도덕 숙제
가족 사진 붙여오기

"사진에 낙서하는 게 얼마나 모욕적인 일인데. 그래도 팔뚝 얘기를 샤방 샘한테 안 한 걸 보니 너도 꽤 의리 있는 애구나."

"흠흠, 고마워. 그런데 샤방 샘도 화나니까 무서운걸?"

샤방 샘은 오늘 수업에서 '가족의 변화와 이로 인한 사회문제'를 다루겠다고 한다. 아까 벌을 준 것이 마음에 걸리는지 샤방 샘이 수업 중에 자꾸 민재를 쳐다보자 민재는 샤방 샘의 눈을 피하며 그래프에 낙서를 한다.

"시간이 흐르고 사회가 변하면서 가족의 모습이 변했다는 것은 너희들도 잘 알 거야. 그중 가장 큰 변화는 확대가족에서 핵가족이 되었다는 거지. 이 그래프를 보자."

가족 구성 및 가족 형태		
	2000년	2005년
1세대	14,2	16,2
2세대	60,8	55,4
3세대 이상	8,2	6,9

가구당 평균 가구원수	
1980	4,5
1990	3,7
1995	3,3
2000	3,1
2005	2,9

출처: 통계청 (2005 인구주택총조사)

"왼쪽 그래프를 봐. 부부 또는 한 부모가 자녀와 같이 살거나 부모님을 모시고 사는 2세대 가구는 줄어들었지? 3대 이상이 함께 사는 3세대 이상의 가구도 마찬가지고. 반면에 부부끼리, 또는 부부와 그 형제자매끼리만 사는 1세대 가구는 증가했어. 또 오른쪽 그래프를 보면 가구당 평균 가족 수도 점점 줄어들고 있지. 이렇게 가구의 구성 형태가 변하고 평균 가족 수가 줄어든 이유가 뭘까?"

부모를 모시기 싫어하는 현상 때문에 부부끼리만 살고 노부모는 따로 사니까 그런 것 아닐까요?

한 자녀 가족이 많아져서 가구원 수가 줄어든 것 같아요. 저출산 경향이 그대로 드러난 거죠. 저는 엄마와 둘이서만 살아서 외로워요. 귀여운 남동생이 있으면 좋을 텐데.

"그럼 친구들의 답변을 토대로 다음 사진을 보자."

출처: 한국방송광고공사 공익광고협의회

"이것은 고령화 사회의 문제를 지적한 공익광고야. 가구 형태가 변하고, 평균 가족 수가 줄어든 것은 민재와 서연이의 말처럼 핵가족화와 저출산으로 한 자녀 가구가 늘기 때문이라고 할 수 있지. 이것은 산업화·도시화의 영향이란다. 이러한 핵가족화, 저출산이 계속되면 여러 가지 사회문제가 발생할 수 있어. 그 문제는 무엇이고, 또 어떻게 해결할 수 있을까?"

젊은이들이 적어서 노동력이 부족하면 국가 경쟁력이 떨어지고 경제성장률이 둔화될 수 있어요. 이 문제를 해결하려면 출산을 장려하고 육아 시설을 확대하며, 이와 관련된 복지 제도를 강화해야 해요.

저 광고처럼 젊은이들은 줄어드는 반면에, 노인 인구는 증가할 거예요. 그러면 노인 부양에 대한 부담이 증가할 수 있어요. 이를 대비해 노인 복지 제도를 확충하고, 노인을 위한 일자리를 마련해야 해요.

샤방 샘이 흐뭇한 미소를 지으며 말을 이어 나간다.

"맞아. 지금은 이렇게 많은 문제에 대한 해결책 마련이 시급한 상황이다. 지금까지 가족의 변화와 이로 인한 사회 문제에 대해 배웠다. 우리 사회를 한 그루의 나무라고 한다면 가족은 뿌리에 해당한다고 할 수 있지. 뿌리가 건강해야 나무가 잘 자랄 수 있는 법, 그러므로 여러분 한 사람 한 사람이 건강한 가정을 이루는 게 중요하다는 사실을 명심해야 해. 자, 그런 의미에서 다 함께 외쳐 보자. 건강한 사회는 건강한 가정에서부터! 이상, 샤방 샘 수업 끝!"

🔑 열쇳말 ❀❀❀❀❀❀❀❀❀❀❀❀❀❀❀❀❀❀❀❀❀❀❀❀❀❀❀❀❀❀

개인주의 가족관
개인의 욕망과 행복만을 중요시하는 가족관으로 가족이 개인의 행복에 도움이 되면 유지하고, 그 반대이면 바로 해체하거나 빠져나올 수 있다고 생각하는 가족관이다. 다른 가족 구성원을 위해 개인의 삶을 희생하지 않는다.

딩크족
'Double Income, No Kids'의 약자로, 의도적으로 자녀를 두지 않는 맞벌이 부부를 의미한다.

딩펫족
'Double Income, No Kids + pet'의 약자로, 자녀를 두지 않고 애완동물을 기르며 사는 새로운 생활 형태의 맞벌이 부부를 의미한다.

싱글맘
'Single mama'의 줄임말로, 최근 국립국어원에 새롭게 등재된 신조어이다. 남편이 없이 자녀를 기르는 여자를 뜻하는 말로, 모자가정의 형태를 띤다. 반대로 싱글대디도 늘어나고 있는 추세이다.

우리 집 이야기

나른한 일요일. 저녁 식사 후 나는 방으로 들어가 꼼짝도 않고 열심히 음악을 듣고 있었다. 한창 음악에 열중하고 있는데, 누군가가 내 귀에서 이어폰을 뺐다. 깜짝 놀라 뒤돌아보니 아버지께서 서 계셨다.

"단비야, 무슨 노래인데 아빠가 부르는 소리도 못 듣고 그렇게 열심히 듣니?"

음악에 너무 집중한 나머지 아버지께서 방에 들어오신 줄도 몰랐던 것이다.

"아, 아빠. 클론의 '버려진 아이'라는 노래를 듣고 있었어요."

"나도 그 노래 아는데. 입양된 아이의 심정을 표현한 노래예요, 아빠."

내 방 앞을 지나던 민재가 어느새 들어와 아는 척을 했다.

"오, 그래? 요즘 부모의 무책임으로 인해 버려진 아이들이 많지. 그 아이들을 우리나라에서 모두 기르면 좋으련만, 아직도 이런저런 편견 때문에 우리나라 가정에 입양되지 못하고 외국으로 입양되는 아이들이 많단다. 그렇게 입양된 사람 중에는 성인이 된 후에 친부모를 찾아 다시 한국으로 돌아오는 경우도 있지. 민재야, 네가 만약 외국으로 입양되었다면 너를 낳아 주신 친부모를 찾기 위해 노력할 것 같니?"

"음, 저라면 가족을 찾기 위해 그렇게 애쓰지 않을 거예요. 저 같은 천방지축을 잘 키워 주신 부모님께 더 감사할 것 같은데요."

민재가 평소답지 않게 다소 진지한 표정으로 이야기했다.

"허허, 녀석. 제법 인간적인 멘트도 날릴 줄 아는구나. 그 마음 늘 깊이 새기고 살도록! 단비는 어떻게 생각하니?"

"자신을 낳아 주었다는 사실에 감사하며 친부모를 찾는다는 것은 무척 감동적이에요. 저 같으면 많이 원망할 것 같아요. 그리고 조금은 부끄럽네요. 저는 간발의 차이로 민재 동생이 된 것이 억울했는데, 해외 입양아들을 생각하니 너무 행복한 고민이었던 것 같아요."

"그래, 녀석들. 이렇게 화목한 가족이 있다는 것만으로도 우리는 충분히 감사해야 한단다. 그런 의미에서 다음 주에는 우리 가족 모두 홀트복지타운에 봉사 활동하러 갈까? 아는 것보다 경험하는 것이 더 소중하지 않겠니? 마이 썬, 마이 도오털."

아버지의 어색한 영어와 느끼한 눈짓에 나와 민재는 텔레비전 시청을 핑계 삼아 얼른 거실로 나와 버렸다.

"말 통하면 마음 나누고 싶어"

22년 만에 생모와 상봉 해외 입양아

"꿈에도 그리던 엄마와 가슴 깊이 묻어둔 얘기를 마음껏 나누고 싶어요."

미국으로 입양된 에밀리 카셀(24)씨가 22년 만에 재회한 가족들과의 대화를 위해 영남대 한국어학당에 입학했다. 카셀 씨는 10일부터 1년간 매일 4시간씩 한국어를 배우고 우리나라 문화유적지 등을 둘러보게 된다.

생후 3개월 만에 고향인 경남 거제에서 미국인 가정으로 입양된 카셀 씨는 2006년 5월 대학 졸업 직후 방한해 생모를 찾았고, 2007년 말 국내 입양기관을 통해 생모와 여섯 명의 언니 오빠와 상봉했다.

카셀 씨는 "왜 내가 다른 나라로 입양될 수밖에 없었는지, 왜 엄마는 나를 찾지 않았는지 하고 싶은 말은 많았지만 처음에는 엄마와 부둥켜안고 하염없이 울기만 했다."며 "아직도 한국어가 서툴러 제대로 된 대화 한번 나누지 못했다."고 말했다. 그동안 독학으로 한국어를 배우기 위해 노력했지만 아무리 해도 잘 늘지 않아 체계적인 공부를 위해 한국어학당에 입학한 것.

"말이 통하고 마음을 나누게 되면 엄마를 잘 이해할 수 있고 아직 어색하기만 한 언니 오빠들과 더 가까워질 것"이라며 "한국어가 능숙해지면 해외 입양 기관에 전문 통역사로 취업해 비슷한 처지의 사람들에게 도움을 주고 싶다."고 말했다.

하지만 그녀는 언젠가 미국으로 돌아갈 생각이다. "외모가 다르다는 이유로 따돌림을 당할 때 힘과 용기를 준 양부모와 오빠(필리핀)와 남동생(한국)들이 모두 미국에 있기 때문"이라고 말했다.

한국일보 정광진 기자 2009-03-11

가족의 의미

● 샤방 용철 샘의 토론 시간

교실에 들어온 샤방 샘이 최신 터치스크린의 엠피스리 플레이어를 꺼낸다.

"와, 저거 완전 신상이잖아!"

동칠이의 말에 샤방 샘이 으쓱하며 대답한다.

"똥칠이가 좀 아는구나. 이건 용량이 128기가나 돼서 3만 곡이 넘는 노래를 담을 수 있지. 하하. 사람이 최신 유행에 민감해야 하는 법이거든. 얘들아, 이 노래 한번 들어 봐."

샤방 샘이 함께 가지고 온 전용 스피커에 엠피스리 플레이어를 연결하자 교실에 빵빵하게 노래가 울려 퍼진다.

그 누가 날 기억하나요. 어린 날에 거리에 버려져 잊혀 간 내 모습을. 이국 만리 머나먼 저 타국에 입양돼 이름조차 모르는 채 이렇게 커 버린 나를. 난 늘 혼자 울고 있었죠. 혼자라는 생각에 난 어머니가 그리웠죠. 얼굴조차 알 수 없는 어머니의 모습 그리워서 보고파서 이 땅을 다시 찾았죠.

난 어린 날엔 몰랐었죠. 피부색도 생김새도 다른 부모님이 왜 나를 안아 주고 달래 주고 어루만져 주면서 가족으로 받아들여 키워 줬는지 점점 커 가면서 나는 알 수가 있었죠. 한국이란 나라에서 내가 입양됐다는 걸. 난 그때부터 혼자 울기 시작했죠. 이 세상의 불행이 다 내 거라 생각하며…….

"이 노래 제목 아는 사람?"

뒤에 앉은 단비가 자신 있게 대답한다.

"클론의 〈버려진 아이〉라는 노래예요."

"이 노래에 대해 더 아는 것 있니?"

"어릴 적에 다른 나라로 입양된 아이의 심정을 표현한 노래예요."

"그래, 단비 말처럼 이 노래는 외국으로 입양된 아이들의 심정을 담고 있어. 우리나라 사람들이 국내 입양을 꺼려해서 많은 아이들이 해외로 입양된다는 걸 아니? 모두 입양에 대한 편견 때문일 거야. 그럼 지금부터 다음에 제시된 입양에 대한 편견 중 한 가지를 선택해서 비판적으로 생각해 보자."

토론 주제: 입양에 대한 편견은 무엇인가?

입양에 대한 편견

- ⊙ 입양한 아이를 친자식과 차별할지도 모른다.
- ⊙ 아이가 성장하면 친부모를 찾아갈지도 모른다.
- ⊙ 아이의 유전병이나 혈통을 알지 못하므로 불안하다.
- ⊙ 아이가 입양된 것을 모르게 비밀 입양하는 것이 좋다.

〈친자식과의 차별에 대하여〉

입양한 아이와 오랜 시간을 함께 지내다 보면 자연히 사랑의 감정이 생길 거야. 누가 낳았냐보다 함께한 시간이 얼마나 많은가가 가족에게 중요한 것이라고 생각해.

〈친부모를 찾는 아이에 대하여〉

친부모를 찾고 싶은 것은 인간의 당연한 마음이야. 하지만 친부모를 찾았다고 금방 부모로 받아들이는 건 쉽지 않을 거야. 오히려 자신을 길러 준 부모님께 감사할 것 같아.

〈유전병과 혈통에 대하여〉

혈통이나 유전보다는 후천적인 환경이 아이의 성격이나 발달에 더 큰 영향을 미친다고 봐. 가족의 사랑으로 아이의 빈 부분을 채워주면 어떨까?

〈비밀 입양에 대하여〉

비밀 입양된 아이가 나중에서야 그 사실을 알게 되면 수치심을 느끼거나 혼란에 빠질 수 있어. 입양 문화를 확산하는 데도 걸림돌이 되고 말이야.

반듯 샘 특강

원탁 토론

1. 원탁 토론은 무엇인가요?

원탁(둥근 탁자)에 둘러앉아 동등한 위치에서 자유롭게 생각을 모아 주제를 정하고 그에 대해 의견을 나누는 토론 방식이에요.

2. 원탁 토론은 어떻게 진행되나요?

가. 자유로운 의견 교환을 통해 토론 문제를 선정해요.
나. 의견을 교환하면서 문제의 중요성에 대해 생각해 봐요.
다. 주어진 문제에 대하여 해결 방안을 찾아 봐요.
라. 해결 방안에 대해 서로 평가해 봐요.
마. 최선의 방안을 선택해요.

3. 어떤 점에 유의해야 하나요?

가. 참여자가 청중인 동시에 토론자가 되기 때문에 내 생각도 조리있게 말하면서 다른 사람의 말도 잘 들어야 해요.
나. 모두 한 번씩 말할 때까지 기다려 주는 것이 필요해요.
다. 자신만의 생각을 지나치게 내세우기보다 폭넓은 의견에 대해 깊이 있게 생각하고 발표해야 해요.

4. 원탁 토론으로 다룰 수 있는 주제를 더 알려 주세요.

– 공지영의 〈즐거운 나의 집〉을 읽고, '가족의 소중함'에 대해 이야기해 보기
– 크리스티앙 시뇰의 〈그 해 겨울엔 눈이 내렸네〉를 읽고, '시한부 인생을 사는 소년의 마음'에 대해 이야기해 보기

사랑을 키우는 가족

● 헐랭 영찬 샘의 논술 시간

자다 일어난 사람처럼 헐랭 샘의 머리에 제비집이 생겼다. 자신이 노총각이라는 사실을 온 천하에 알리려는 모양이다.

"샘, 머리가 떴는데요."

헐랭 샘이 민재에게 윙크를 날리며 이야기한다.

"짜식, 새로운 헤어스타일로 변신을 꾀하는 중이야."

"샘, 헝클어진 머리도 참 멋져요."

서연이의 말에 민재가 인상을 쓰면서 이야기한다.

"야, 저런 헤어스타일이 멋지다고? 제비가 열 마리는 들어앉겠다."

헐랭 샘이 목청을 돋우어 이야기한다.

"내 머리에 찾아드는 제비들에게 이곳은 정말 포근한 보금자리가 될 거야. 사랑의 보금자리인 가정은 사회생활을 배우는 출발점이라고 배웠지? 즉, 가정이 건강해야 사회도 건강할 수 있어. 건강한 가정을 이루려면 가족 구성원이 자신의 역할에 최선을 다하며 서로 이해하려는 노력이 필요해. 그런데 요즘 청소년들은 여러 가지 이유로 가족들과 대화를 잘 안 나누는 것 같다. 그래서 가족을 이해하고 관계를 회복하기 위한 특별 프로젝트 글쓰기를 준비했다. '가족에게 보내는 사랑의 편지 쓰기!' 어떠냐, 이 헐랭 샘의 아이디어가! 역시 글쓰기 교육의 달인답지 않냐? 으하하……."

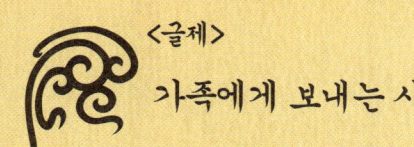

<글제>
가족에게 보내는 사랑의 편지를 써 봅시다.

글제

〈동칠이의 편지〉

하늘에 계신 엄마께

엄마. 아직도 제 기억 속의 엄마는 제가 어릴 때 본 그 모습 그대로예요. 우리 반 민재 엄마는 벌써 아줌마 티가 철철 넘쳐서 크게 상심하고 계시던데, 엄마는 아직도 젊고 예쁜 모습으로 기억되니 얼마나 좋은지 몰라요.

엄마, 기억나요? 엄마가 떠나시던 날, 저는 우리 차 뒷좌석에서 엄마의 손을 잡고 동화책을 읽고 있었지요. 그런데 갑자기 화물차의 밝은 빛이 번쩍하고 나서 세상이 컴컴해졌어요. 엄마가 비명을 지르며 저를 아프게 껴안던 느낌이 마지막이었어요. 제가 병원에서 눈을 떴을 때 아빠는 저를 붙잡고 우셨어요. 아빠는 에어백 덕분에 큰 상처가 없었지만 저는 많이 다쳤고, 엄마는 영영 깨어나지 않으셨지요. 그때는 너무 어려서 죽는다는 것이 무엇인지 몰랐어요. 며칠 지나면 엄마가 다시 제 앞에 짠~ 하고 나타나실 거라고 믿었죠. 나중에야 엄마가 저를 보호하시느라 엄마 자신은 보호하지 못하셨다는 걸 알았어요.

엄마, 제 별명이 뭔지 아세요? 똥칠이에요. 천방지축으로 나대기는 하지만 전 저의 슬픔을 그렇게 감춰요. 우울해하고 있으면 엄마 생각이 더 나니까요.

엄마, 그곳 여행은 재미있으시죠? 저도 이 세상, 좀 더 여행하다가 엄마가 계신 곳에 갈 거예요. 그때 엄마가 보신 가장 멋진 곳을 제게도 보여 주세요. 우리는 잘 있으니 걱정하지 마시고요.

엄마! 보고 싶어요!

안 보면 후회할걸

☰ 1. 책

▣ 엄마를 부탁해 / 신경숙 / 창비

늘 곁에서 보살펴 주고 사랑을 주기만 하던, 그래서 당연히 그렇게 존재하는 것으로 여겼던 엄마가 어느 날 실종된다. 지하철역에서 아버지의 손을 놓치고 사라진 어머니의 흔적을 추적하며 기억을 복원하는 과정에서 '엄마'라는 존재는 가족들에게 더욱 소중한 존재가 된다.

▣ 나는 아버지의 친척 / 크리스티앙 시뇰 / 사계절

엄마와 함께 살아온 미용은 중학교 때 엄마가 병으로 돌아가신 후 외가 쪽 친척집을 전전하다 그동안 잊고 지내오던 '아버지'라는 사람의 집에서 살게 된다. 미용에게는 아버지도, 아버지의 가족이 되어 있는 동갑내기 남자아이와 그 엄마인 아주머니도 낯선 존재다. 미용과 가족 간의 갈등을 통해 '가족'이라는 관계 자체를 보여 준다.

⚙ 2. 영화

▣ 가족 / 이정철 감독

아버지는 전직 경찰, 딸은 교도소를 갓 출소한 전과자. 그들이 3년 만에 만나 오랜 갈등의 매듭을 푼다. 가족이라는 울타리 안에서 나는 어떤 존재인지, 가족은 무엇인지 돌아보게 한다.

▣ 아이앰 샘 / 제시 넬슨 감독

일곱 살 지능을 가진 장애인 아버지가 혼자 아이를 키운다. 자식의 지적 성장을 위해 양육권을 포기할 것인가? 함께 있어 행복한 부녀는 주변의 도움과 인정에 힘입어 양육권을 되찾게 된다. 인성의 바탕이 되는 것은 바로 '가족'임을 깨닫게 한다.

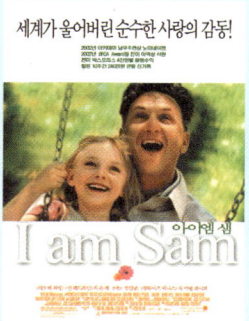

나에게 말걸기

셋. 친구, 부를수록 좋은 이름

너, 진짜 친구 맞니?

한참 동안 서연이의 폭격을 맞은 민재는 서연이와 통화를 끝내자마자 동칠이에게 전화를 했다.

"야! 너 나 골탕 먹이려고 일부러 그런 거지? 서연이에게 전해 주라고 한 디브이디(DVD), 그거 어떻게 했어? 이 나쁜 XXXXXXXXXXX야!"

"뜬금없이 전화해서 왜 욕지거리야. 무슨 일인데 그래?"

"시치미 떼지 마. 너 때문에 서연이한테 변태 취급 받았잖아."

"성질부리지 말고 차근차근 말해 봐. 무슨 소린지 당최 모르겠다야."

"끝까지 오리발이지! 됐어. 치사한 놈. 너는 친구도 아니야!"

민재는 초등학교 때부터 단짝이었던 동칠이의 배신에 심장까지 떨려 왔다. 섭섭해서 말도 안 나온다. 장난을 쳐도 정도껏 해야지. 어쩜 사나이의 순정을 이렇게 짓밟냔 말이다. 어제까지만 해도 제일 친했던 동칠이가 오늘은 세상에서 제일 밉게 느껴진다.

낙서판

우정
니가 그러고도 친구냐?
절교
동칠이 XXXXXXXXXX
사라
초등학교 동창
야릇한 영화

친구란

● 반듯 미선 샘의 도덕 수업

안녕, 여러분! 날씨가 정말 화창하군요. 이렇게 좋은 날씨에 어울리는 밝은 표정으로 인사하니까 정말 보기 좋아요.

어? 똥칠이, 너답지 않게 조용하구나. 무슨 일 있니? 민재 말을 들어 보니 똥칠이가 지은 죄가 있어서 그렇다는데. 천하의 단짝인 민재와 똥칠이가 싸우기라도 한 모양이구나. 친한 친구일수록 싸움이 길어지면 화해하기 어렵지. 그러니 오늘 수업에 집중하도록! 마침 친구에 관한 내용이거든.

그래요. 오늘은 '친구'라는 소중한 존재에 대해 공부할 거예요. 먼저 다음 빈칸에 들어갈 적당한 말을 생각해 보세요. 그리고 그 말을 생각한 이유와 함께 제시해 봅시다.

친구는 [▼] 다.

왜냐하면 [▼] 때문이다.

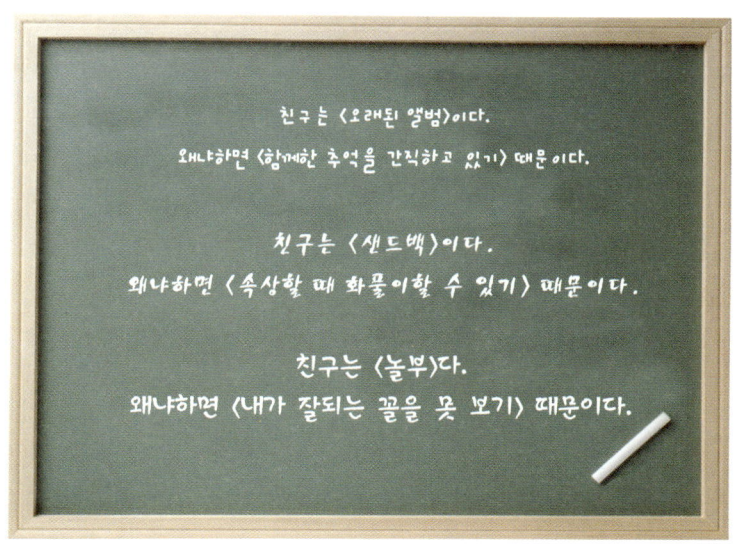

친구는 〈오래된 앨범〉이다.
왜냐하면 〈함께한 추억을 간직하고 있기〉 때문이다.

친구는 〈샌드백〉이다.
왜냐하면 〈속상할 때 화풀이할 수 있기〉 때문이다.

친구는 〈놀부〉다.
왜냐하면 〈내가 잘되는 꼴을 못 보기〉 때문이다.

선생님도 '친구'라고 하면 왠지 기분이 좋아집니다. 힘들고 지칠 때 친구의 위로는 큰 힘이 되지요. 물론 심한 장난이나 오해 때문에 싸우게 되는 경우도 있지만요. 어떤 경우에는 나 혼자서만 친구를 좋아하는 것 같아 속상하기도 합니다.

자, 그러면 친구가 된다는 것이 어떤 의미인지 더 생각해 볼까요? 우리는 보통 동네나 학교에서 친구를 사귑니다. 자연스럽게 만나 친해지다 보니, 친구를 사귄다는 것이 너무나 당연한 일처럼 여겨지기도 해요.

하지만 '친구가 된다'는 것은 인연을 맺는 매우 소중한 일이에요. 다음은 영화 〈번지점프를 하다〉에 나온 한 장면입니다.

"이 지구상 어느 한 곳에 이만한 바늘 하나를 딱 꽂고, 저 하늘 꼭대기에서 밀씨, 밀씨 아니? 그냥, 밀가루만큼 고운 가루라고 생각하면 된다. 그 밀씨를 또 딱 하나, 떨어뜨리는 거야. 그 밀씨 하나가 나풀나풀 떨어져서 바로 이 바늘 위에 딱 꽂힐 확률! 도대체 몇 분의 1일
까? 바로 그 계산도 안 되는 기
가 막힌 확률로 너희가 지금 이
곳, 지구상의 그 하고 많은 나라
중에서도 대한민국, 그중에서도
서울, 서울에서도 ○○동, ○○

동 안에서도 Y학교, 그 중에서도 *학년, 그거로도 모자라 #반에서 만난 거다. 지금 너희들 앞에, 옆에 앉은 친구들도 다 그렇게 엄청난 확률로 만난 거고, 또 나하고도 그렇게 만난 거다. 그걸 '인연'이라고 부르는 거다."

이 장면에서처럼 친구란, 계산도 안 되는 어마어마한 인연의 끈으로 맺어진 관계라고 할 수 있어요. 옆에 있는 짝꿍, 앞뒤에 앉은 친구들과의 소중한 인연을 되새기며 다음 문장을 읽어 봅시다.

친구란 어마어마한 인연의 끈으로 맺어진 관계이다.

같은 반이지만 멀게 느껴지는 친구가 있는 반면에, 멀리 떨어져 있지만 자주 생각나는 친구도 있어요. 그런 의미에서 친구는 어떤 특별함을 간직한 존재라고 할 수 있습니다. 그 특별함이 무엇인지 다음 문학 작품을 통해 공부해 봅시다.

"난 친구를 찾고 있어. '길들인다'는 게 뭐야?"

"그건 사람들이 너무 쉽게 잊는 건데……. '관계를 맺는다'는 뜻이야."

"관계를 맺는다고?"

"물론이지. 넌 나에게 아직 다른 소년들과 다를 것 없는 한 소년일 뿐이야. 그래서 난 네가 필요하지 않지. 또 너도 나를 필요로 하지 않고. 너에게 나는 다른 많은 여우들과 다를 바 없는 여우 한 마리에 지나지 않거든. 그렇지만 만약 네가 날 길들인다면 우리는 서로를 필요로 하게 될 거야. 너는 나에게 이 세상에서 단 하나뿐인 존재가 되는 거고, 나도 너에게 유일한 존재가 되는 거지."

여우는 한참 동안 말없이 어린왕자를 바라보았다. 그러고 나서 다시 말했다.

"부탁이야……. 나를 길들여 줄래?"

많이 읽어 본 내용이지요? 생텍쥐페리가 쓴 〈어린왕자〉의 유명한 부분입니다. '길들인다'는 것은 관계를 맺는 것이고, '관계를 맺는다'는 것은 서로 특별한 의미의 친구가 된다는 것입니다.

이 관계를 우리 삶에 적용해 보면 같은 교복을 입고 있는 수많은 사람들 중에서도 특별한 의미가 있는 존재를 '친구'라 부를 수 있어요.

친구는 서로 의미 있는 존재가 되어야 한다.

혹시 '지음(知音)'이라는 말을 들어 봤나요? 한자 그대로의 의미는 '소리를 안다'는 뜻이죠. 이 말은 중국 춘추 시대의 인물인 백아와 종자기의 이야기에서 비롯되었어요.

백아는 거문고 연주의 대가였는데, 그에게는 자신의 음악을 정확하게 이해해 주는 종자기라는 절친한 친구가 있었어요. 후에 종자기가 병으로 세상을 뜨자, 백아는 슬픔을 이기지 못해 애지중지하던 거문고의 줄을 끊어 버리고 죽을 때까지 연주를 하지 않았다고 합니다. 자신의 소리를 알아주는 친구가 없기에 더 이상 거문고를 연주할 필요가 없다고 생각한 것이지요.

좋은 친구란 백아와 종자기 같은 관계입니다. 말로 표현하지 않아도 이해할 수 있고, 서로 칭찬하고 격려하며 발전할 수 있는 사이가 되어야 하겠지요.

좋은 친구란 마음이 통하고 서로 이해해 주는 관계이다.

진정한 친구의 모습은 영화에서 좋은 소재가 되기도 하지요. 여러분이 본 영화 중에 진정한 친구의 모습을 그린 작품이 있다면 소개해 볼까요?

저는 영화 〈시네마 천국〉에 나온 토토와 알프레도 할아버지가 진정한 친구라고 생각합니다. 처음에는 스승과 제자처럼 지내지만, 불의의 사고로 할아버지가 시력을 잃자 소년이 영화 돌리는 일을 돕고 할아버지의 말동무도 되어 드리죠. 영화를 통해 서로 깊은 정을 나누게 된 진정한 친구라 할 수 있어요.

그렇군요. 이렇게 서로를 이해하는 관계, 좋아하는 것을 함께 하는 관계도 나이를 초월한 친구의 모습이라고 할 수 있겠네요.

영화 〈각설탕〉에는 똥칠이가 침을 흘릴 만한 여배우가 나와요. 시은이는 어릴 적에 '천둥이'라는 말을 만나서 각별한 애정을 느끼며 함께 자랍니다. 시은이는 천둥이와 함께라면 세상 끝까지라도 달릴 수 있다고 생각하죠. 동물이지만 천둥이는 누구보다 좋은 시은이의 친구예요.

그래요. 사람뿐 아니라 동물 등의 자연물과도 친구가 될 수 있지요.

자, 수업을 마무리하며 '친구, 우정'을 주제로 한 멋진 시 한 편을 들려줄게요. 선생님도 이 시에 나오는 '그 사람'이 있는지 늘 생각해 보는데, 그때마다 '예'라는 대답이 선뜻 나오지 않아요. 자신있게 '예'라고 대답할 수 있는 사람은 정말 행복하겠죠? 여러분도 친구에게 '그 사람'이 되도록 노력해야 해요.

그 사람을 가졌는가

함석헌

만리길 나서는 길
처자를 내 맡기며
맘 놓고 갈만한 사람
그 사람을 그대는 가졌는가?

온 세상이 다 나를 버려
마음이 외로울 때에도
"저 사람이야." 하고 믿어지는
그 사람을 그대는 가졌는가?

탔던 배 꺼지는 시간
구명대 서로 사양하며
"너만은 제발 살아다오." 할
그 사람을 그대는 가졌는가?

불의의 사형장에서
"다 죽어도 너희 세상 빛을 위해
저만은 살려 주거라." 일러 줄
그 사람을 그대는 가졌는가?

잊지 못할 이 세상을 놓고 떠나려 할 때
"저 하나 있으니." 하며
빙긋이 웃고 눈을 감을
그 사람을 그대는 가졌는가?

온 세상의 찬성보다도
"아니." 하고 머리 흔들 그 한 얼굴 생각에
알뜰한 유혹을 물리치게 하는
그 사람을 그대는 가졌는가?

– 조한서 〈함석헌〉(작은씨앗 2007)

한 번 친구는 영원한 친구?

● 샤방 용철 샘의 사회 수업

    샤방 샘이 약간 피곤한 모습으로 교실에 들어오자, 아이들이 의아한 눈으로 쳐다본다. 늘 깔끔하기로 소문난 선생님이 오늘은 다른 때와 달리 초췌한 모습이다. 평소 샤방 샘의 톡톡 튀는 모습을 좋아하던 유나가 이유를 묻는다.

    "선생님, 무슨 일이 있으셨어요? 샤방하신 선생님께서 생기가 없으시니 저도 힘이 빠져요."

    남학생들의 야유를 뒤로 하고 샤방 샘이 머리를 긁적이며 말한다.

    "어제 초등학교 동창들을 만나서 옛날 이야기를 하느라 집에 늦게 들어갔어. 그 친구들이 선생님을 보내 주어야 말이지. 아유, 이놈의 인기는 시간이 흘러도 식지가 않아."

    이번에는 남녀를 불문하고 아이들의 야유가 쏟아지지만, 샤방 샘은 결코 굴하지 않는다.

    "자, 그러면 오늘은 지역사회 및 청소년과 연관 지어 '친구 문화'에 대해 공부해 보자. 먼저 다음 라디오 광고를 들어 볼까?"

<친구 맞니?>

어느 금융 광고에 나온 두 친구의 전화 통화 내용입니다.

갑돌이: 친구야, 오랜만이지?

을돌이: 그래. 이게 얼마만이야. 우리 한번 봐야지.

갑돌이: 그래. 정말 반갑다. 우리 만나야지. 그런데……. 너 혹시 돈 좀 있니?

을돌이: (전화 끊기는 소리) 뚜-뚜-

아이들의 웃는 모습을 보며 샤방 샘은 학생들에게 만약 자신이 광고 속 을돌이라면 어떻게 할지 이야기해 보자고 한다.

"일단 만나서 이야기를 들어 보고, 제가 도와줄 수 있는 금액이라면 도와주겠어요. 진짜 친구면 그래야 하는 거 아닌가요?"

민재의 자신감 넘치는 대답을 듣고, 동칠이가 비웃듯 한마디 던진다.

"저번에 1,000원만 꿔 달라고 했더니 없다고 해 놓고 혼자 빵 사 먹던 게 누군데. 그런 네가 돈을 빌려 준다고?"

"디브이디를 바꿔치기해서 사람을 변태 바보로 만드는 건 친구가 할 짓이냐?"

둘이 아옹다옹하는 모습을 보고 샤방 샘이 주특기 짜샤빠샤를 날린다.

"자, 그만들 싸우고, 내 말 좀 들어 봐. 모처럼 초등학교 동창들을 만나니 잠시나마 옛날로 돌아간 느낌이 들어 좋더라. 하지만 저 광고처럼 친구라는 이유로 상대를 이용하려 한다면 곤란한 상황이 벌어지겠지."

이야기를 듣던 동칠이가 갑자기 선생님에게 질문을 한다.

"선생님, 갑자기 떠오른 질문인데요, 동창 중에서 누가 제일 보고 싶으셨어요? 으흐흐."

잠시 생각에 잠긴 샤방 샘이 추억에 잠긴 듯 야릇한 표정으로 이야기한다.

"여러 친구들이 보고 싶었는데, 그 중에 내 마니또였던 여학생이 제일 생각 나더구나. 너희들 마니또라고 들어봤니?"

아이들이 초등학교 때 해 봤던 '마니또 놀이'를 떠올리며 안다고 대답하자, 선생님이 덧붙여 설명한다.

"마니또는 알다시피 제비뽑기나 무작위 선정을 통해 지정된 친구의 수호천 사가 되어 주는 것이지. 선생님도 초등학교 때 비밀 친구가 생겨서 참 열심히 도와주었던 기억이 나는구나. 아침 일찍 등교해서 마니또의 책상 속에 맛있는 빵을 넣어 두기도 했고, 그 친구가 청소하는 구역을 몰래 도와주기도 했지. 마침 내가 좋아하던 친구여서 더 신이 나서 잘해 주었어. 하하! 갑자기 얼굴이 빨 개지는구나. 그런데 얘들아, 선생님은 아직도 그 친구에게 내가 마니또였다고 말하지 못한 것이 후회가 된단다. 너희들은 내가 마니또였다는 걸 밝혀야 했다 고 생각하니?"

저는 끝까지 비밀로 두는 게 좋다고 생각해요. 비밀로 남았을 때 더 아름다운 추억이 되고, 마니또에 대한 환상도 깨지지 않을 거예요.

친구와 헤어질 때는 자신이 마니또였다는 사실을 알려 주는 게 좋을 것 같아요. 친구의 호기심을 풀어 주면서 더 가까운 관 계가 될 수도 있으니까요.

샤방 샘이 아이들의 이야기를 즐거운 표정으로 듣고 있다가 다시 새로운 이야기를 꺼낸다.

"자, 마니또의 비밀을 밝히는 문제는 나중에 더 생각해 보도록 하자. 사실 어제 동창회에서 마음에 걸리는 일이 하나 있었어. 학창 시절에 반에서 소외되고 따돌림 당하던 친구가 끝내 동창회에 나오지 않은 것이지. 그때를 떠올리면 그 친구를 도와주지 못한 것이 후회가 돼. 아마 그 친구는 학창 시절을 나쁘게 기억하고, 앞으로도 동창회에 절대로 오지 않을 것 같아.

그래서 이번에는 너희들과 함께 조금 심각한 친구 문제에 대해 생각해 보고 싶다. 요즘 집단 따돌림이 심각한 사회문제가 되고 있잖니. 흔히 왕따라고 하는데, 이러한 집단 따돌림이 왜 생겼는지 각자가 생각하는 이유를 칠판에 적어 볼까?"

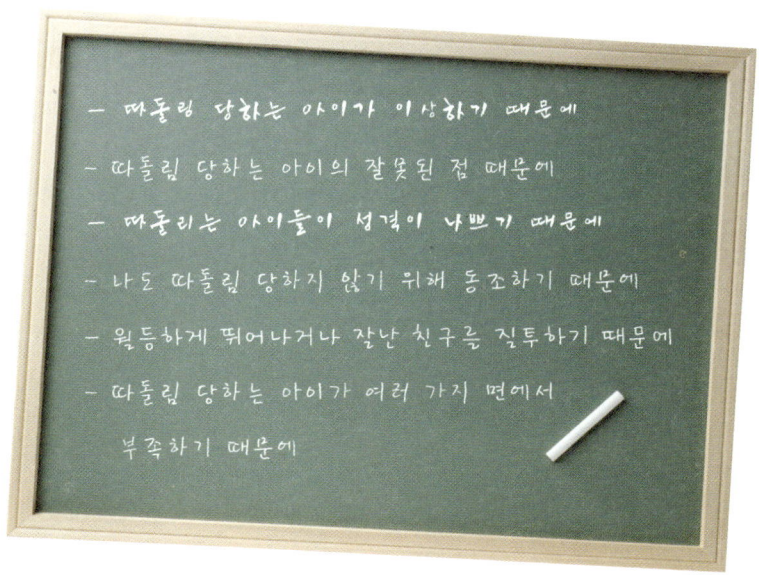

칠판을 보더니, 오늘따라 어둡던 샤방 샘의 낯빛이 더욱 어두워진다.

"어떠니? 이런 이유들로 친구를 따돌리는 게 과연 타당할까? 아마 옳지 않다고 생각하는 사람들이 더 많을 거다. 하지만 막상 따돌림을 당하는 친구들에게 선뜻 다가서기 힘든 것도 사실이지.

하지만 얘들아, 기억할 게 있다. 친구는 서로의 손을 잡아 체온을 나눌 수 있고, 때론 고인 눈물을 닦아 줄 수 있는 사람이어야 한단다. 선생님은 그 친구를 따돌리진 않았지만 친하지 않다고 따뜻하게 말 한 번 걸지 않은 것이 슬그머니 후회가 되더구나. 자자, 그러니 있을 때 잘해! 오케이?"

숙연해진 아이들에게 샤방 샘은 다들 손을 내밀어 가장 마음에 드는 손가락을 이야기해 보라고 한다. 아이들은 갸우뚱하면서도 하나둘씩 가장 마음에 드

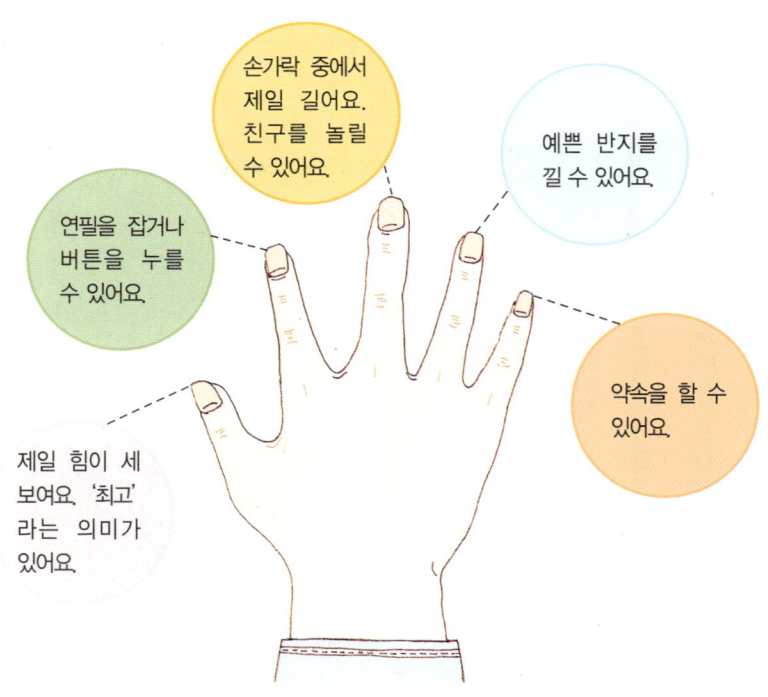

는 손가락을 이야기한다. 샤방 샘이 이번에는 그 손가락을 고른 이유를 말해 보라고 한다.

"그래. 각각의 손가락을 좋아하는 이유가 있구나. 이 손가락들이 하나하나 조화를 이룰 때 비로소 아름다운 손이 되지 않겠니? 교실도 마찬가지란다. 어떤 친구는 뛰어나 보일 수 있고, 어떤 친구는 처져 보일 수 있지만 모두 자신만의 색깔과 역할이 있어. 함께 아름다운 '손'을 이루는 구성원이라는 생각으로 감싸주고 포용하는 자세가 필요하지 않을까?"

샤방 샘의 비유적인 설명에 아이들은 고개를 끄덕인다. 자신도 모르게 친구를 함부로 대하지 않아야겠다는 생각과 함께.

열쇳말 ✿✿✿✿✿✿✿✿✿✿✿✿✿✿✿✿✿✿✿✿✿✿✿✿✿✿✿✿✿✿✿✿✿✿✿✿

우정
친구 사이의 정을 뜻한다. 우정과 관계된 표현으로 '우정을 두터이 하다', '우정을 지키다', '우정을 나누다' 등이 있다.

너나들이
서로 너니 나니 하고 부르며 허물없이 말을 건네는 사이를 뜻하는 순우리말이다.

죽마고우
(竹馬故友)
함께 죽마(대말)를 타고 놀던 벗이라는 뜻으로, 어릴 때부터 같이 놀며 자란 친한 벗을 의미한다.

관포지교
(管鮑之交)
아주 친한 사이의 사귐을 이르는 말로 중국 춘추 시대의 인물인 관중과 포숙의 우정이 돈독하였다는 고사에서 유래하였다.

엄친아
'엄마친구아들'의 줄임말로 최근 대한민국에서 유행하는 용어이다. 어머니가 자녀에게 "내 친구 아들 누구는 공부도 잘하고 착하고……." 하며 비교를 곧잘 한다는 데에서 나온 말이다. 비교당하는 것에 거부감을 지니는 의미로 풍자적으로 사용되기도 한다.

우리 집 이야기

　동경이를 데리고 집에 와 보니, 한 번도 본 적이 없는 아주머니가 엄마와 다정하게 이야기를 나누고 있었다. 나는 의아해하며 조심스레 다가가 아주머니께 인사를 했다.

　"이 분은 엄마의 어렸을 적 친구야. 엄마와 꽃쌈을 하던 둘도 없는 친구지."

　옆에 계시던 엄마의 친구 분이 나와 동경이를 향해 말했다.

　"아마 요즘 아이들은 잘 모를 거야. 꽃쌈은 원래 꽃싸움이라는 뜻인데, 여러 가지 꽃을 꺾어 모아서 꽃잎의 수를 세며 내기하는 놀이란다. 꽃술을 걸어 당겨서 먼저 끊어지는 쪽이 지는 것으로 내기를 하기도 하지. 네 어머니랑 꽃쌈을 하며 많이 친해졌어."

　친구 분은 엄마와 한참을 더 이야기하다가 동경이가 집에 돌아간 다음에야 일어났다. 엄마는 친구에게 바리바리 음식을 싸 주고 다시 만날 약속을 하셨다.

　"민재야, 오늘은 왜 동경이하고만 왔어? 똥칠이는 어디 갔니?"

　"엄마, 똥칠이의 '똥' 자도 꺼내지 마세요. 똥칠이 때문에 서연이가 저를 오해하게 되었어요."

　엄마는 나의 상황을 짐작하고 차분히 이야기하셨다.

　"나도 어렸을 때 친구랑 많이 싸웠어. 실은 아까 온 아주머니가 나랑 제일 많이 싸운 친구야."

　"예? 둘도 없는 친구라더니 많이 싸우셨다고요?"

"그럼. 사소한 오해 때문에 많이 다투기도 했지만, 싸운 뒤에는 항상 그 친구가 먼저 사과를 했어. 나보다 철도 일찍 들고 속도 깊은 친구였지."

옆에서 엄마와 나의 대화를 듣던 단비가 이야기했다.

"엄마 어릴 적에는 친구들과 뭘 하면서 노셨어요?"

"그때는 강가나 산으로 뛰어다니며 놀았지. 컴퓨터나 휴대전화가 없어도 신나기만 했단다. 너희들도 그런 체험이 있다면 좋을 텐데, 요즘은 공부나 다른 활동으로 바빠서 그러지 못하는 걸 보면 엄마도 안타깝단다. 요즘은 친구도 인터넷으로 사귀지 않니? 얼굴도 모른 채 사귀는 사이버 친구라니, 조금 걱정이 되기도 하는구나."

"하지만 엄마, 사이버 친구를 통해서도 얼마든지 우정을 쌓을 수 있어요. 우리 반 아이도 인터넷을 통해 만난 외국 친구와 펜팔을 하면서 누구보다 친해졌대요."

옆에서 듣고 있던 단비도 한마디 거든다.

"유나가 활동하는 인터넷 팬클럽에선 봉사 활동도 함께 가더라고요. 엄마의 걱정도 알지만 그 속에서 얼마든지 장점도 찾을 수 있어요."

친구 사귀고 문화 배우고~

세계 각국의 다양한 문화를 알고 싶다면? 외국인 친구들을 사귀고 싶다면? 펜팔을 해보자. 이메일과 메신저는 물론 손으로 쓰는 편지까지 외국인 친구를 사귈 수 있는 방법은 많다. 김다솔(16·북인천여중3) 양이 펜팔 예찬론을 펼쳤다.

김 양은 2년째 일본·중국 친구들과 편지를 주고받고 있다. 해외 펜팔을 구할 수 있는 인터넷 카페를 통해 이들을 만난 김 양은 일본 인기 가수 '아라시'를 좋아하는 공통점 덕분에 금세 친해졌다. 처음에는 채팅으로 간단히 자기소개를 하고 '아라시'에 대한 이야기를 나누거나 이메일로 일상의 얘기를 나누는 정도였다. 그런데 어느 날 일본 친구가 한국 가수 슈퍼주니어를 좋아한다고 말했다. "슈퍼주니어가 나온 잡지책을 선물해 주고 싶더라고요. 잡지책과 한국 과자를 포장해 편지와 함께 보내기로 했죠."

처음에는 국제우편을 보내는 방법을 몰라 무척이나 애를 먹었다. 1주일 뒤 일본 친구로부터 소포를 잘 받았다는 메일이 왔다. 김 양은 "고맙다는 친구의 답장에 뿌듯하기도 하고 자신감도 생겼다"고 말했다.

김 양은 그 뒤로 더욱 적극적으로 펜팔을 통해 한국 문화를 알려야겠다고 결심, 한국의 교육제도·전통 음식·역사 등을 상세하게 알려 주고 있다.

김 양은 "독도 문제가 이슈가 됐을 때도 일본 친구가 '다케시마'라고 말하는 걸 '독도'라고 바로잡아 주면서 한국의 입장을 이야기해 줬더니 친구가 이해했다."며 "문화 외교관 노릇을 제대로 한 것 같아 기분이 좋았다."고 자랑했다.

김 양은 "요즘은 손으로 편지를 많이 쓰지 않아 해외 펜팔을 하기 어렵다고 생각하는데 그렇지 않다."고 잘라 말했다. 인터넷에는 세계 각국의 친구들을 만날 수 있게 도와주는 펜팔 사이트가 많다는 것. 이러한 사이트에 원하는 국가와 연령·관심사·소개 글 등을 등록하면 쉽게 많은 친구를 찾을 수 있다.

김 양은 "온종일 수십 명의 친구들에게 쪽지를 보냈지만 답장이 오는 경우는 그리 많지 않았다."며 "관심사와 연령이 비슷한 상대를 골라 정성스럽게 글을 써야 한다."고 조언했다.

채팅과 이메일 같은 디지털 통신수단은 즉각 연락이 가능하지만 손으로 직접 쓰는 '스네일(달팽이: 연락이 느리다는 뜻) 메일'을 이용하면 우정을 더욱 돈독히 할 수 있다. 직접 편지를 쓰면 속 깊은 이야기도 털어놓을 수 있고 외국어 공부에도 큰 도움이 된다. 김 양은 "일본·중국 친구와 일본어로 편지를 주고받는데 내 생각을 정확하게 표현하고 싶어 일본어 공부를 더 열심히 하게 됐다."며 "올해는 JLPT(일본어능력시험) 2급에 도전해 볼 생각"이라고 전했다.

중앙일보 프리미엄 송보명 기자

2009-01-28

우정을 위한 나의 선택

● 헐랭 영찬 샘의 토론 시간

헐랭 샘이 교실에 들어오더니, 종이를 한 장씩 나누어 준다. 그 종이에는 '친구와 우정'이라는 주제와 함께 몇 가지 질문이 적혀 있다.

"종이 못 받은 사람 없지? 거기 보면 재미있는 질문들이 있어. '나와 발 치수 또는 옷 치수가 같은 사람, 나와 취미가 비슷한 사람, 좋아하는 음식이 같은 사람, 감동적으로 본 영화가 같은 사람, 좋아하는 운동이 같은 사람' 등 말이야.

지금부터 5분 동안 돌아다니면서 각각의 질문에 대한 답이 같은 사람을 만나면 "반가워요!"라고 힘차게 외치고 이름을 적어 보자. 각 질문에 대해 2명씩 이름을 적은 사람은 빙고를 외친다. 빙고를 외친 사람에게는 선생님이 준비한 상을 주지."

아이들이 환호성을 지르더니 움직이기 시작한다. 민재도 정신없이 돌아다니며 이 친구, 저 친구에게 질문을 하고 공통점을 찾아본다. 처음에는 쉽게 적을 수 있었지만 시간이 지날수록 자신과 비슷한 친구를 찾기가 힘들다.

'생각해 보니 똥칠이가 딱인데. 피자를 제일 좋아하고, 영화도 같이 보러 다니고, 축구도 같이 하고. 하지만 똥칠이하고는 말하기도 싫고 그놈 이름 적기

도 싫어. 그냥 다른 친구를 찾아봐야지.'

잠시 후에 아이들이 이곳저곳에서 빙고를 외치자 헐랭 샘은 준비해 둔 초콜 릿을 꺼내 돌리며, 취향이 비슷한 친구들끼리 모둠을 만들라고 한다. 아이들이 모둠을 만들자 헐랭 샘은 아이들에게 종이의 뒷장을 보라고 한다. 거기에는 '친구와 우정'에 대한 다양한 상황이 적혀 있다.

"지금부터 친구와 우정에 대한 상황 토론을 해 보자. 종이에 적힌 상황에 대 해 잘 생각해 보고, 자신이라면 과연 어떻게 할 것인지 말해 보자."

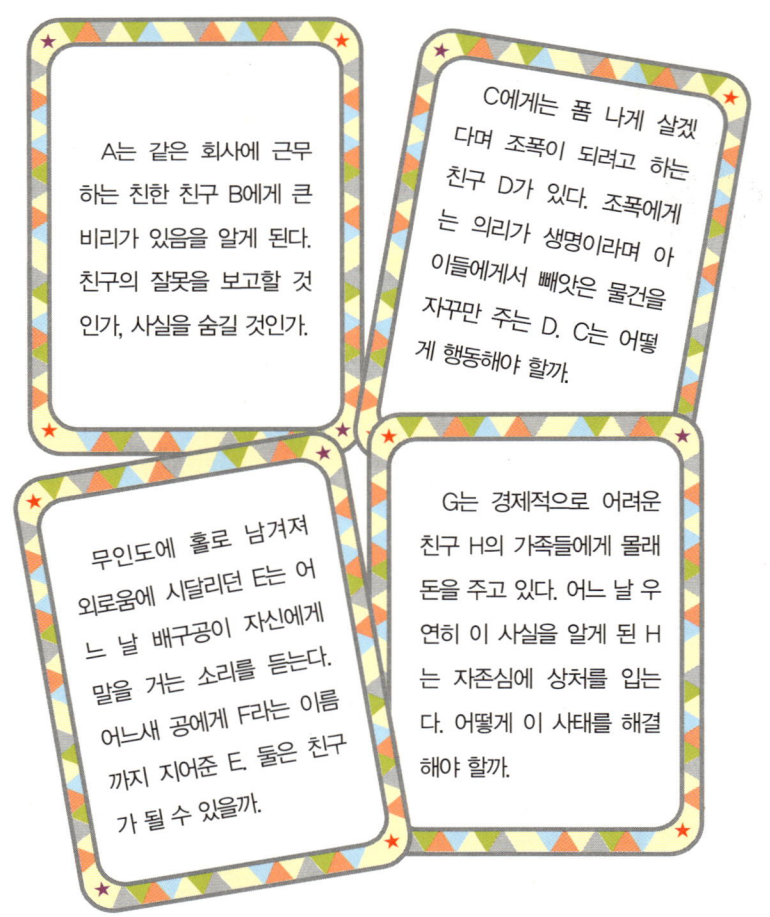

A는 같은 회사에 근무하는 친한 친구 B에게 큰 비리가 있음을 알게 된다. 친구의 잘못을 보고할 것인가, 사실을 숨길 것인가.

C에게는 폼 나게 살겠다며 조폭이 되려고 하는 친구 D가 있다. 조폭에게는 의리가 생명이라며 아이들에게서 빼앗은 물건을 자꾸만 주는 D. C는 어떻게 행동해야 할까.

무인도에 홀로 남겨져 외로움에 시달리던 E는 어느 날 배구공이 자신에게 말을 거는 소리를 듣는다. 어느새 공에게 F라는 이름까지 지어준 E. 둘은 친구가 될 수 있을까.

G는 경제적으로 어려운 친구 H의 가족들에게 몰래 돈을 주고 있다. 어느 날 우연히 이 사실을 알게 된 H는 자존심에 상처를 입는다. 어떻게 이 사태를 해결해야 할까.

반듯 샘 특강

상황 토론 (역할극)

1. 상황 토론(역할극)은 무엇인가요?

특정한 상황에서 특정한 인물이 되어 연기하는 활동으로, 연극적 효과가 있는 토론입니다. 특정한 인물의 상황에서 생각하면서, 사고의 폭을 넓힐 수 있습니다.

2. 상황 토론(역할극)은 어떻게 진행되나요?

가. 문제 상황을 정확히 파악하여, 사람들의 다양한 의견을 정리해요.

나. 친구들과 의논하여 역할을 나누고 한 가지 입장을 선택해요.

다. 자신이 진짜 해당 인물이 되었다고 생각하고, 그 입장에서 생각과 의견을 제시해요.

라. 친구들과 토론이 끝난 후에는 그 입장이 되었을 당시의 생각과 느낌을 서로 이야기 해요.

마. 그 외에 서로 입장을 바꿔 보고 생각하기, 가장 역할을 잘 수행한 친구 뽑기 등의 응용 활동도 가능해요.

3. 어떤 점에 유의해야 하나요?

가. 상황 토론을 하는 동안에는 철저하게 자신이 맡은 역할의 입장이 되었다고 생각해야 해요.

나. 자발적인 참여를 전제로 하기 때문에 역할을 정할 때 지나치게 한 가지 역할을 고집하지 말고 의견을 조율해서 정해야 해요.

4. 상황 토론(역할극)으로 다룰 수 있는 주제를 더 알려 주세요.

- 이문열의 〈우리들의 일그러진 영웅〉에서 엄석대, 한병태, 학급 친구들의 역할이 되어 보기
- 벌리 도허티의 〈이름 없는 너에게〉에서 아이를 가진 여학생, 남학생, 부모님의 역할이 되어 보기

우정은 지켜 나가는 것

● 반듯 미선 샘의 논술 시간

 민재가 가방에서 책을 꺼내다가 밑바닥에서 이상하게 생긴 디브이디를 발견한다. 자세히 보니 서연이가 빌려 달라고 한 〈아홉 살 인생〉이 아닌가?

민재는 이 디브이디가 왜 가방에 들어 있는지 곰곰이 생각하다가, 얼마 전에 엄마 몰래 성인 영화를 빌려서 〈아홉 살 인생〉 디브이디 상자 안에 숨겨 두었던 것이 생각난다. 민재는 '그것'을 서연이에게 주었던 거다. 아뿔싸. 그렇다면 동칠이에게 화를 낸 것은 민재의 잘못이 아닌가? 민재는 주저하다가 동칠이에게 가서 사과를 한다.

"저, 똥칠아. 미안하다. 지난번에 네가 서연이한테 준 디브이디 있잖아. 그거 내가 잘못 준 거였어. 그것도 모르고 네가 나를 골탕 먹인 줄 알았어. 미안해. 서연이에게도 내가 설명할게."

"헤헤, 그럴 줄 알았어. 괜찮아. 서연이한테는 내가 중간에 바꿔치기 해서 장난친 거라고 하고 욕 좀 먹고 끝났다. 그나저나 야릇한 영화는 아직 있냐?"

민재는 매사에 가볍다고만 생각했던 동칠이가 이처럼 자신을 배려했음에 감동 받는다. 잠시 후 교실에 들어온 반듯 샘이 동칠이와 민재가 웃고 있는 모습을 본다.

"두 사람, 한동안 냉전 관계더니 화해했나 보지? 자, 이번 글쓰기는 여러분을 위한 주제예요. 열심히 적어 보세요."

<글제>

가장 친한 친구와 함께 우정을 지켜 나가자는 '우정 선언문'을 작성해 보자.

1. 선언을 3가지 이상 쓸 것
2. 선언의 이유가 잘 드러나도록 할 것

〈민재의 우정 선언문〉

하나. 나, 고민재는 친구에게 솔직하게 대하겠습니다.

내 생각을 친구에게 솔직하게 이야기하고 표현하겠습니다. 거짓말은 오해를 낳고, 친구 사이를 갈라지게 합니다. 그러므로 앞으로 솔직하게 말하고 행동하겠습니다. 친구의 솔직함 또한 그대로 이해하고 받아들이도록 노력하겠습니다.

둘. 나, 고민재는 친구의 험담이나 뒷담화를 하지 않겠습니다.

세 명이 모였다가 한 명이 화장실에 가면, 나머지 두 명이 그 친구의 험담을 하는 경우가 있습니다. 나머지 두 명은 방광이 터지도록 화장실에 못 가게 되죠. 뿐만 아니라, 친구의 험담이나 뒷담화는 결국 싸움의 씨앗이 됩니다. 그러므로 저는 절대로 뒷담화를 하지 않겠습니다. 친구에게 불만이 생기면 차라리 대놓고 앞담화를 하겠습니다.

셋. 나, 고민재는 친구와 싸웠을 때 먼저 사과하겠습니다.

친구와 지내다 보면 여러 가지 이유로 싸울 때가 있습니다. 이때, 누구 한 사람이 먼저 용기 내어 사과하지 않으면 어쩔 수 없이 둘 사이는 멀어지게 되죠. 진짜 용기 있는 친구는 먼저 사과하고 화해하는 사람이라고 생각합니다. 먼저 용기를 내는 멋진 사람이 되겠습니다.

안 보면 **후회**할걸

☰ 1. 책

▣ 우리들의 스캔들 / 이현 / 창비

　평범하기 짝이 없는 모범생 이보라. 그러나 미혼모인 이모가 보라의 중학교 교생으로 오면서 일상이 흔들리기 시작한다. 익명으로 활동하는 인터넷 반 카페에 누군가 이모와 조카의 사진을 올리면서 사건은 커지고, 이모는 학교로부터 학급 지도를 포기하라는 압력을 받는다. 익명을 기반으로 활동하는 인터넷 문화와 함께 학교 내 폭력과 미혼모 문제를 생생하게 그려낸다.

▣ 샬롯의 거미줄 / E. B. 화이트 / 시공주니어

　돼지 '월버'는 태어날 때부터 죽을 고비가 많았지만, 그때마다 친구들의 도움으로 위기를 잘 넘긴다. 헌신적인 친구, 조건을 제시하는 친구, 계산적인 친구 등 동물 친구들을 통해 밧줄보다 튼튼한 우정을 경험할 수 있다. 하찮아 보이는 거미와 돼지가 서로의 삶을 구원해 주는 이야기에서 타인을 이해하는 마음, 우정과 생명의 소중함을 발견할 수 있다.

2. 영화

▣ 워낭소리 / 이충렬 감독

평생 땅을 지키며 살아온 최 노인에게는 30년을 부려 온 소 한 마리가 있다. 소의 평균 수명을 훌쩍 뛰어넘은 이 소는 무려 마흔 살. 살아 있다는 게 믿기지 않는 이 소는 최 노인의 '베프'이며, 최고의 농기구이자, 유일한 자가용이다. 귀가 잘 들리지 않는 최 노인이지만 희미한 소의 워낭소리는 귀신같이 듣고, 소 역시 제대로 서지도 못하면서 최 노인이 고삐를 잡으면 산 같은 나뭇짐도 마다 않고 나른다. 무뚝뚝한 노인과 무덤덤한 소. 둘은 모두가 인정하는 환상의 짝꿍이다.

▣ 굿바이 마이 프렌드 / 피터 호튼 감독

덱스터는 에이즈에 걸린 11살 소년이다. 옆집에 사는 에릭은 이런 덱스터에게 거리낌 없이 다가가고 이들은 곧 친구가 된다. 덱스터의 병을 고칠 방법을 여러모로 알아보던 에릭은 어떤 의사가 발명했다는 치료약을 구하기 위해서 덱스터와 함께 뉴올리언스로 떠난다. 덱스터에게는 힘든 여정이었지만 둘은 우정만을 믿고 힘을 낸다. 친구 사이에 주고받는 따뜻한 정이 사람의 마음을 살릴 수 있음을 보여준다.

나에게 말걸기

넷. 진정한 나의 이웃은 누구인가

나 하나쯤이야……

민재는 학원에서 나오는 서연이를 발견하고 분한 생각이 들었다. 평소 좋은 말, 옳은 말은 혼자 다 하고 다른 아이들의 잘못은 제일 먼저 들춰내는 정의파인 양 행동하면서, 정작 남을 돕는 봉사 활동에는 쏙 빠지다니…….

'누구는 시간이 남아돌아서 봉사 활동하는 줄 아나?'

떠버리 동칠이는 입으로 불평을 하면서도 할아버지, 할머니께서 드실 죽을 열심히 끓였다. 놀기 좋아하는 유나도 어르신을 위해 안마를 해 드리면서 재롱을 부렸다. 민재 역시 힘들지만 보람을 느끼며 화장실을 청소했다. 남을 위해 노력하는 모습이 얼마나 아름답냔 말이다.

민재는 욱신거리는 어깨와 팔을 주무르며, 적어도 남이 힘들거나 어려울 때 자신만 생각하며 모르는 척하지는 않기로 다짐한다. 내일 도덕 시간에 '진정한 이웃은 누구인가'에 대해 발표할 때 서연이의 못된 행동을 만천하에 공개해서 버릇을 따끔하게 고쳐 주어야겠다고 생각하면서.

진정한 이웃이란

● 반듯 미선 샘의 도덕 수업

오늘도 변함없이 예쁜 우리 한빛중학교 친구들, 안녕? 이번 시간에는 '진정한 이웃은 누구인가'에 대해 배워 보고, 이웃의 개념이 어떻게 변해 왔는지 살펴보겠어요.

전통적으로 이웃이란 가까운 공간 안에 함께하는 사람을 일컬어요. 좁게는 내 옆에 있는 짝꿍부터 넓게는 지구촌에 사는 모든 사람이 내 이웃이 될 수 있지요.

"멀리 있는 친척보다 가까운 이웃이 낫다."는 속담이 있지요? 같은 동네에서 일손이 필요하면 품앗이로 도와주고, 힘든 일이 있을 때는 위로하며 함께한 사람들이 바로 이웃입니다.

이 그림을 한번 보세요. 김홍도의 〈논갈이〉와 〈벼 타작〉이라는 그림입니다. 이 속에 담긴 당시 사회의 모습을 살펴보세요.

〈논갈이〉

〈벼 타작〉

조선시대는 어떤 사회였죠? 맞아요. 농경 사회입니다. 이 그림을 보면 당시 사람들은 혼자 일하지 않고 서로 도와 가며 농사를 지었다는 것을 알 수 있어요. "백지장도 맞들면 낫다."라든가 "열의 한 술 밥이 한 그릇 푼푼하다."라는 말이 있듯, 여러 사람이 힘을 모으면 한 사람을 능히 도울 수 있거든요.

자, 다시 그림을 보세요. 일하는 사람들의 표정이 어떤가요? 즐겁게 웃고 있지요? 어려운 일을 함께 나누면 서로 힘을 줄 수 있어요. 이렇게 함께해서 행복한 이들이 바로 이웃입니다.

그런데 사회가 변화하면서 이웃의 개념도 바뀌었어요. 다음 표를 봅시다.

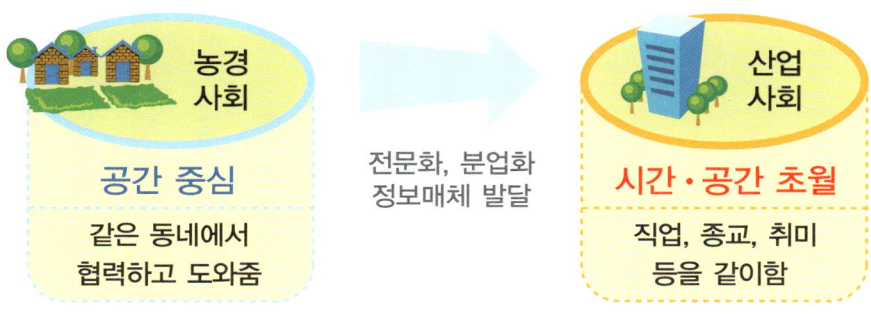

산업 사회에서의 이웃은 시간과 공간을 초월한 관계이지요. 그래서 같은 교실에서 함께 공부하는 친구들 말고도 동아리 회원이나 외국에 사는 채팅 친구, 같은 종교를 가진 사람 등 헤아릴 수 없이 많은 이웃이 생겼답니다. 반갑죠?

어, 그런데 민재 표정이 밝지 않네. 무슨 일 있었니? 오늘 발표하는 날이라서 긴장한 모양이구나. 민재, 구겨진 얼굴 펴고 준비한 내용을 발표해 보세요.

저는 앤 슬리벤의 우화 〈지나쳐 간 사람들〉의 내용을 정리해서 발표하려고 합니다. 그리고 나서 누가 진정한 이웃인가를 여러분께 묻겠습니다.

유난히 풍랑이 거칠던 어느 날, 물고기 한 마리가 파도에 밀려 바닷가 모래밭으로 나오게 되었습니다. 지나가는 첫 번째 남자에게 물고기가 도움을 구했습니다.

"도와주세요."

"도와주고 싶지만 지금은 바빠서 안 되겠네. 난 지금 어부의 미망인들을 돕는 모임에 가는 길인데 늦었어."

곰곰이 생각하며 걸어오는 두 번째 사람에게 물고기가 부탁했습니다.

"저를 바다에 넣어 주세요."

"글쎄, 어떻게 해야 할지 모르겠군. 내가 지금 너를 물속으로 되던져 준다 해도 또 밀려 나와서는 허우적거리겠지. 그렇다고 당장 도와주지 않으면…… 에

미안하지만, 내가 도와줘 봤자…

라, 나도 모르겠다."

세 번째로 한 여인이 다가왔습니다.

"사모님, 저는 꼼짝도 할 수 없어요. 보시다시피 파도에 밀려 나왔어요."

"당신이 겪는 이 어려움은 당신 자신의 탓일 수도 있어요. 또 누가 매번 도와주면 의존심만 키우게 되어 오히려 해가 될 수 있어요. 그러니 내가 다녀올 동안 스스로 문제를 해결하는 방법을 생각해 보세요."

물고기는 여인의 말이 맞을 수도 있다고 생각했습니다. 하지만 기운이 빠지고 숨이 차서 더 이상 버틸 수가 없었습니다. 기운을 차려 잠시 눈을 떴을 때 네 번째 사람이 앞에 서 있었습니다.

"살려 주세요."

그는 슬픔이 가득 찬 얼굴로 느릿느릿 고개를 흔들었습니다.

"바다란 정말 잔인하기도 하군."

그러고는 저 아래 바닷가로 사라져 버렸습니다.

자, 이 우화에 등장하는 네 사람 중에서 누가 진정한 이웃이라고 생각합니까? 제 시선을 피하는 똥칠 군이 먼저 이야기해 보세요.

꼼꼼하게 물고기의 말을 잘 들어 준 세 번째 여인이라고 생각합니다. 물고기가 기운을 내서 더 적극적으로 말했다면 구체적으로 도움을 주었을 것 같습니다. 그러므로 그 여인이 진정한 이웃입니다.

저는 네 번째 사람이라고 생각합니다. 우리 속담에 "동냥은 못 줄망정 쪽박은 깨지 마라."는 말이 있습니다. 직접 도움이 되지 못할 상황이면 차라리 모르는 척 놔두는 것이 낫습니다.

여러분 이야기 잘 들었습니다. 이제 제 의견을 말씀드리겠습니다. 이 이야기에는 진정한 이웃이 없습니다. 진정한 이웃이란, 자신이 손해를 보더라도 남을 도울 수 있는 사람, 즉 더불어 살 줄 아는 사람이기 때문입니다. 저희는 어제 학급 봉사 활동을 다녀왔습니다. 그런데 한 친구가 아프다는 핑계를 대고 봉사 활동을 빠져서 그 몫을 다른 친구가 했습니다. 자신의 이익과 관계가 없다고 다른 이를 모른 척하는 사람을 여러분은 이웃이라 생각하십니까?

진정한 이웃이란 더불어 살 줄 아는 사람이다.

그래요. 민재가 발표를 잘했군요. 자기가 필요할 때만 누군가를 돕는 것은 바람직하지 않은 행동이에요. 다른 사람과 함께 나누는 것을 행동으로 실천하는 게 가장 중요합니다. 누구 이야기인지는 모르겠지만 민재도 너무 상심하지 말고 그 친구 몫까지 봉사했다고 생각하면 좋겠네요.

이익만을 내세우는 태도는 개인의 문제에 그치지 않고 집단 이기주의로 발전할 수 있지요. 혐오 시설은 다른 지역에 설치하라고 주장하면서 편의 시설은 자기 지역에 유치하려고 한다면 집단 간 분쟁이 끊이지 않겠지요. 서로 양보하고 공존할 수 있는 방법을 찾아 적극적으로 행동할 때 우리는 이웃과 함께 더불어 살아갈 수 있습니다.

더불어 산다는 것

● 샤방 용철 샘의 사회 수업

오늘도 샤방 샘의 등장은 요란하다. 교실에 들어서 자마자 손톱으로 칠판을 찍 긁는다. 아이들이 진저리 를 치며 소리를 지르자 씨익 웃으며 말한다.

"어때, 정신이 번쩍 나지? 수업 시작하자."

민재가 삐딱하게 한마디 던진다.

"팔뚝에 소름 돋았어요, 선생님. 그런 소리는 제발 집에서 혼자 계실 때 내세요."

"혼자라……. 민재야, 넌 혼자서 살 수 있냐?"

샤방 샘의 뜬금없는 질문에 민재는,

"못 살죠. 밥은 누가 해 줘요? 또 밤에는 무서워서 어쩌고요. 동칠이 없음 심 심해서 안 돼요."

하면서 떠들어 댄다.

"내가 아니라 그 누군가겠지? 으흐흐!"

동칠이가 서연이를 힐끗 보며 놀리지만 서연이는 무표정하다.

"그래서 우리가 이렇게 공동체를 이뤄 때로는 울고, 웃고, 참고, 가진 것을 나누며 함께 살아야 하는 거야. 오늘은 그것에 대해 공부하자."

"그게 뭔데요?"

"그거!"

"그러니까 그게 뭐냐고요?"

따지는 동칠이의 머리에 빛나는 꿀밤이 투하된다.

"오늘 배울 '법과 질서'는 사회를 이루는 중요한 요소야. 다음 그림 속 상황
을 보고 이 문제를 어떻게 해결할지 서로 의견을 나누어 보자."

법대로 해결해요. 인터폰으로 따져요. 눈에는 눈, 이에는 이!

부녀회 동원해요. 반상회에서 따져요. 경찰에 신고해요.

"워, 워. 하나같이 복수할 생각뿐이네. 어떻게 상대방 입장을 생각하는 사람은 하나도 없어?"

샤방 샘은 더불어 살아가는 지혜가 있어야 이러한 문제를 해결할 수 있다고 말한다.

"남의 물건을 훔치거나 상처를 입히는 등 누구나 나쁘다고 인정하는 행동을 한 이들에겐 법적인 제재나 처벌이 뒤따른다. 문제는 법에 호소하기에는 인정상 다소 애매한 사례들도 많다는 거야. 공동생활에서 생길 수 있는 이웃 간의 분쟁을 해결할 바람직한 방법은 무엇일까? 감정적으로 마구 말하지 말고 서연이가 차근차근 말해 보자."

"문제의 원인은 윗집과 아랫집이 서로의 상황에 대해 소통하지 않았다는 점에 있습니다. 먼저 아랫집이 자신들의 고통스런 상황을 윗집에 이야기하고, 윗집에선 아랫집을 배려하며 소음을 내지 않도록 조심해야겠지요."

"그래. 감정의 벽을 쌓기보다는 대화를 통해 상대방의 상황을 이해하려 노력하고 조금씩 양보하는 것이 최선책일 거야."

선생님의 이야기에 동칠이가 불쑥 한마디 한다.

"그런데요, 공동주택의 벽이 얇아서 옆집 대화 소리까지 들리는 경우에는 누구한테 책임을 물어야 하죠?"

"물론 소음을 낸 사람의 잘못도 크지만 처음부터 소음에 대한 대비를 하지 않고 건물을 지은 시공사에도 책임의 반이 있다는 판결이 있단다. 옆집에서 변기 물 내리는 소리까지 들린다면 정말 심각하겠지!"

이때 갑자기 문을 두드리는 소리가 나더니 교감 선생님이 들어와서 미안한 표정으로 말한다.

"옆 반에 목소리가 너무 크게 들리는 것 같아서 그러는데 소리를 조금만 줄여 주시겠어요?"

"선생님 목소리가 엄청 커서 옆 반 수업을 방해하는 것은 누가 책임을 져야 해요? 선생님을 낳은 부모님에게 책임의 반이 있나요?"

대박을 터트린 기분으로 우쭐대는 동칠이에게 선생님이 짜샤빠샤를 날린다.

"얘들아, 이 우표를 봐라. 무엇을 기념하기 위한 우표일까?"

"세계는 하나다."

"서로 도우며 살자. 이런 내용 같아요."

"전 세계의 대표적인 4개 인종을 나타내는 어린이들이 통신수단을 통해 연결되어 있는 것으로 보아, 소통이 가능한 세상을 만들자는 의미 같습니다."

동경이의 대답을 들은 샤방 샘이 고개를 끄덕이며 말한다.

"그렇다. UN은 서로 다른 각국의 문명을 이해하고 소통해야만 세계가 온전하게 발전할 수 있다고 판단하고, 2001년을 '문명 간 대화의 해'로 지정하기도 했지. 우리는 홀로 세상을 살아갈 수 없다. 너희가 앉아 있는 책상과 의자를 봐

라. 숲을 가꾸는 사람, 나무를 자르는 사람, 운반하는 사람, 가공하는 사람, 디

자인하는 사람, 판매하는 사람이 없다면 우리는 이 자리에 앉아 있을 수 없다.

이것이 바로 더불어 살아간다는 의미야."

　동칠이는 참견하고 싶어 몸이 근질근질하다. 앉아 있을 수 없으면 서 있으면

되지. 그렇게 말하고 싶었지만 참기로 한다. 꿀밤 여러 개가 머리 위로 투하될

게 뻔하니까.

열쇳말 ❀❀❀❀❀❀❀❀❀❀❀❀❀❀❀❀❀❀❀❀❀❀❀❀❀❀❀❀❀❀❀

이웃　나란히 또는 가까이 있어서 경계가 서로 붙어 있을 만큼 가까이 사는 집
이나 가까이 사는 사람을 말한다. 요즘은 넓은 의미로 세계 전체를 이웃
으로 보기도 한다.

품앗이　일을 하는 '품'과 교환한다는 '앗이'가 결합된 말로, 서로 노동력을 교환
하여 돕는 한국의 전통 풍습이다. 인간의 노동력은 원칙적으로 모두가
대등하다는 가치관에 따라 남성과 여성, 장년과 소년의 노동력이 동등하
게 취급되는 경우가 많다.

두레　한국 농촌의 전통적인 협동체로, 농번기에 농사일을 공동으로 하기 위해
부락이나 마을 단위로 만든 조직이다. 모내기나 추수 등 중요한 일을 마
치면 함께 모여 농악에 맞추어 놀기도 했다. 이는 공동체의 결속을 다지
는 역할을 했다.

이익 집단　특정한 이해, 관심, 가치를 위하여 조직된 집단이다. 노동자들이 노동조
합을 만들어 근로조건을 개선하기 위해 노력한다든지, 학부모들이 학부
모 연대를 구성해서 자녀들의 교육 문제를 논의하는 것이 대표적인 예이
다.

우리 집 이야기

할아버지, 할머니께서 텔레비전을 보시다 "저 일을 어쩌냐!"며 몹시 안타까워하셨다. 무슨 일인가 싶어 다가가자 아빠가 안타까운 얼굴로 이야기해 주셨다.

"나이트클럽 화재로 건물이 무너져서 소방관 3명이 사망했다는구나. 혹시라도 남아 있을지 모를 생존자를 구하려고 불 속으로 뛰어들었다가 변을 당했대. 유족들을 보고 할머니가 마음이 아파서 저러시는 거야."

단비가 할아버지, 할머니 옆으로 다가가 두 분을 위로해 드렸다. 아무튼 귀여움 받는 일은 잘도 찾아 하는 귀재다, 귀재.

아빠가 물으셨다.

"민재야, 이분들이 존경받는 이유는 뭘까?"

"다른 사람을 위해 하나밖에 없는 목숨까지 내놓고 일을 하니까 그렇겠죠?"

"어이구, 민재가 제법이네."

"뉴스를 보니까 사람들이 마음 아파하며 고개를 숙이던데요. 하지만 평소에는 소방관 아저씨들이 제대로 대우를 못 받는 것 같아요. 그래서 이직률도 높다고 하고요."

"왜 그렇게 생각하니? 소방관 아저씨들이 존경을 받는다면서?"

나는 아빠 앞에서 근사하게 한번 말해 보고 싶었다.

"우리나라 소방관 아저씨들의 직업에 대한 자부심은 다른 나라와 다르지 않

다고 생각해요. 직업에 대한 보람이 없어서가 아니라 위험하기 때문에 그만두고 싶은 거겠지요. 최신식의 소방 장비를 갖추어서 안전을 보장해야 해요.”

내 말이 끝나기가 무섭게 단비도 질세라 달려들었다.

“최신식의 안전한 장비를 갖추는 것도 좋지만 일한 만큼 돈을 받는 것도 중요해요. 아무리 보람 있는 일을 해도 일한 만큼의 대가를 받지 못한다면 그 일을 얼마나 오래 할 수 있겠어요?”

“네가 뭘 안다고 그래? 너는 돈밖에 모르냐?”

“바보야. 열악한 여건에서 고생하고 애쓰시는 소방관 아저씨들이 안쓰럽다는 뜻이잖아. 그 존경에 대한 대가를 사회가 제대로 제공해야 한다는 말이고.”

우리의 대화를 듣던 아빠가 이야기를 정리해 주셨다.

“그래, 둘 다 옳아. 위험을 무릅쓰고 이웃을 위해 애쓰는 이분들이 대우받아야지. 어서 좋지 못한 여건이 개선되었으면 좋겠구나.”

싸움을 단칼에 정리해 버리는 아빠 덕에 단비와 나는 서로 멋쩍게 웃고 말았다.

대한민국 소방관들의 비극적 숙명

20일 서울 한 나이트클럽 화재를 진화하던 은평 소방서 소속 조기현·김규재 소방장, 변재우 소방사가 갑자기 무너진 건물에 깔려 숨졌다. 올해 들어 5명째 소방관 희생이다.

소방관으로 일해 돈을 벌 수는 없다. 명예도 따르지 않는다. 그래도 이들은 불과 싸우러, 그 속에 갇힌 사람들을 구하러 나선다. 그렇게 하다 제 목숨을 바친 사람들이 해방 이후 지금까지 263명이고 다친 사람은 5000명에 육박한다. 전국 746개 지역 소방대의 70% 정도를 소방관 1명이 지킨다. 24시간 맞교대에다 1인당 잠자리 면적은 교도소 독방보다 좁은 것이 소방관들의 근무 여건이다. 소방방재청에 따르면 우리 소방관들이 이렇게 일하고 희생해서 지킨 우리 사회의 재산은 1년에 4조 원 안팎에 달하는 것으로 추산된다. 이들이 구한 인명의 가치는 돈으로 환산할 수도 없는 것이다.

소방관들만이 아니다. 우리 사회에는 위험하고 힘들고 돈은 못 벌지만 누군가는 반드시 해야 할 일을 하는 소방관·경찰관·군인과 같은 사람들을 진정으로 존경하는 사회적 풍토가 없다. 우리 사회는 그들의 목숨, 그들의 희생 위에서 지탱되고 있지만, 그 목숨을 이용만 하고 있다고 해도 과언이 아니다. 월급을 얼마 더 주고 덜 주고의 차원이 아니다. 세 소방관의 주검 앞에서 모두가 한 번은 심각히 돌아봐야 할 문제다.

조선일보 사설 2008-08-21

이웃 사랑, 어떻게 실천하지?

● 헐랭 영찬 샘과 함께 읽기

    교실에 들어서자마자 헐랭 샘이 "으허허허" 하면서 목젖이 드러나게 웃는다. 로또라도 당첨되셨나? 아이들이 이상하다는 표정을 짓는다.

    헐랭 샘은 '건강하게 사는 법, 일, 십, 백, 천, 만'이라고 칠판에 커다랗게 쓴다. 그러면서 아이들 보고 운을 떼라고 한다.

    일! 하루 한 가지 선행 하기

    십! 하루 열 번 큰 소리로 웃기

    백! 하루 백 마디 말하기

    천! 하루 천 글자 이상 쓰기

    만! 하루 만 보 이상 걷기

동칠이가 헐랭 샘에게 한마디 한다.

"어차피 지들은요, 말 안 해도 하루 종일 웃고요, 하루 종일 떠들고요, 천 글자가 아니라 만 글자를 쓰고요, 운동장 열 바퀴만 돌아도 만 보 이상은 걸어요."

"으허허. 너희들은 건강 걱정 없겠구나. 그럼 수업을 시작하자. 오늘은 각자 신문에서 이웃 사랑의 정신이 나타난 기사나 통계 자료를 찾아 정리하고 발표하기로 했지? 모두 준비됐나?"

이웃과 함께하는 당당한 부자

 가수 김장훈 씨가 '2008 당당한 부자' 설문 조사에서 4위를 차지했다고 합니다. 지난 10년간 40억 원 이상을 기부해서 어려운 이웃을 도왔기 때문이지요. 두 딸을 입양해 감동을 준 배우 차인표·신애라 부부도 10위에 올랐다고 하네요. 이들은 해외 아동 후원에도 적극적으로 참여하고 있습니다. 선행을 베푸는 부자는 사회적으로도 존경받는 경우가 많아요. 이것은 우리 사회가 여전히 상부상조의 미덕을 소중히 여기고 있기 때문일 겁니다.

세상을 변화시키는 커다란 힘, 봉사

 최근 중국에서 실시한 설문 조사에 따르면 쓰촨성 지진 이후 생활 태도에 변화가 생겼다는 응답자가 88%였다고 해요. 이들 중 많은 수는 생명의 소중함을 깨달았으며 사랑을 나눔으로써 사회에 공헌하고 싶다고 답했습니다. 또한 인간관계에 대한 시각도 달라져서, 모르는 사람이 도움을 요청할 경우 기꺼이 도와주겠다는 응답자의 비율이 매우 높게 나타났다고 하네요. 역시 봉사는 세상을 변화시키는 커다란 힘이에요.

아이들의 발표를 끝까지 들은 헐랭 샘이 말한다.

"좋아. 이웃을 돕는 마음은 이렇게 사회를 바꿔 나가는 큰 힘이 되지. 모두가 이웃을 생각하지 않고 자신의 이익만을 좇는다면 사회가 제대로 발전할 수 없을 거야. 그럼 현실에선 이런 문제가 어떻게 나타날 수 있는지, 샤방 샘과 함께 이야기해 보렴."

● 샤방 용철 샘의 토론 시간

헐랭 샘은 봉사하고 선행을 베푸는 사람들이 좋은 사회를 만든다고 이야기했다. 샤방 샘은 이에 더해 가까운 이웃의 이익만을 챙기다 보면 집단 이기주의라는 또 다른 문제가 생길 수도 있다고 말한다.

"자기 가족의 이익만 생각하다 이웃집과 갈등을 겪는 경우가 있지? 마찬가지로 가까운 이웃인 지역사회의 이익만을 생각하다가는 더 넓은 이웃인 국가 구성원들끼리 갈등을 겪을 수도 있어. 여기에 대해 생각해 볼 겸 '화장장 설치'에 대해 찬반 토론을 해 보자."

수도권에 화장장을 설치해야 할까?

우리나라 전체 인구의 50% 이상이 거주하는 수도권. 그러나 화장장의 수는 전국의 29.7%에 불과하여 다른 지역으로 옮겨 다니는 원정 화장이 갈수록 늘어나고 있다. 수도권 시민들이 타 지역 화장장을 이용할 때는, 해당 지역 주민들이 이용할 때보다 적게는 3배에서 많게는 20배가 넘는 돈이 더 들어 유가족들의 고통이 더욱 커지고 있다.

"요즘은 후손이 살아갈 공간과 환경을 생각하여 화장을 선호하는 추세입니다. 그런데 서울 인근에 살면서 타 지역 화장장을 이용하겠다는 것은 지역 이기주의에서 비롯된 생각입니다. 따라서 수도권에도 화장장이 더 많이 설치되어야 합니다."

"타 지역 사람들이 화장장을 이용할 때는 그 지역에 거주하는 주민보다 많은 비용을 지불합니다. 지역 편의 시설이 해당 지역 주민에게 우선 혜택을 준다는 점을 생각하면, 우리 지역 내에서도 그런 혜택을 받을 수 있도록 지방 자치 단체가 앞장서 시설을 마련할 필요가 있습니다."

찬성 논거: 화장 수요 증가, 지역 주민 혜택, 화장에 대한 긍정적 인식 확산 등

"화장장은 도심 외곽에 위치해야 합니다. 화장장은 늘 죽음을 떠올리게 합니다. 또 화장장에는 많은 사람들이 모여들기 때문에 지역 교통 상황이 장난이 아닙니다. 복잡한 수도권에 화장장을 설치하는 것은 여러모로 불편할 것입니다. 화장장 설치, 반대합니다."

"화장장이 들어서면 집값이 떨어지는 등 경제적 손실이 생기고, 주변에 다른 시설이 들어설 수 없기 때문에 지역 발전에도 악영향을 줄 것입니다. 화장장을 굳이 수도권에 설치할 필요는 없다고 봅니다."

반대 논거: 정서적 불안정, 재산상의 불이익, 주거 환경 침해 등

반듯 샘 특강

찬반 토론

1. 찬반 토론은 무엇인가요?

정책이나 가치, 사실에 대해 찬성과 반대의 의견으로 나누어 상대를 설득하는 방법입니다.

2. 찬반 토론은 어떻게 진행되나요?

가. 토론 주제에 대해 자신의 입장을 입론합니다.(찬성 → 반대의 순서로 각 2분)

나. 상대 입론에 대해 반대 의견을 제시하고, 자신의 입장이 옳음을 증명하는 '반론 펴기'를 합니다.(반대 → 찬성 순서로 각 2분에서 3분)

다. 상대의 반론을 듣고 인정할 수 없는 경우, 질문 형식으로 다시 반박합니다.(반대 → 찬성 순서로 각 3분)

라. 입장에 대한 주장을 다지는 최종 변론을 합니다. 토론에서 제시된 내용을 재구성하여 요약, 강조합니다.(찬성 → 반대 순서로 각 2분)

3. 어떤 점에 유의해야 하나요?

가. 사회자는 시간을 알려 주고 공정하게 토론을 이끌어 갑니다.

나. 토론자는 상대방의 의견을 끝까지 정중하게 듣습니다.

다. 판정인은 판정표를 정리하며 듣도록 하고, 의도적으로 의견을 통일하지 않도록 합니다.

4. 찬반 토론으로 다룰 수 있는 주제를 더 알려 주세요.

- 인터넷 실명제를 실시해야 한다.
- 범죄자의 인권도 보장해야 한다.
- 의학 발전을 위한 동물 실험은 정당하다.
- 국제화 시대에 영어 조기 교육은 필수적이다.
- 병자호란 때 주화파의 주장은 옳은 선택이었다.

미래의 이웃을 상상하자

● 반듯 미선 샘의 논술 시간

아이들끼리 서로 자기가 찾은 자료가 더 재미있다고 말하고 있는데 서연이만 아직 굳은 표정이다. 민재가 서연이를 겨냥해서 큰 소리로 한마디 던진다.

"서연이가 고른 자료에 가슴 뭉클한 이웃 사랑이 제일 잘 나타나네. 애들아, 그치? 그치?"

얼굴이 붉어진 서연이가 민재에게 이야기한다.

"민재야, 너무 미안하니까 봉사 활동 빠진 이야기 그만하면 안 될까? 오늘 수업을 통해 충분히 반성했으니까."

교실에 들어오다가 서연이의 말을 들은 반듯 샘이 서연이를 다독여 준다.

"민재가 도덕 수업 때 이야기한 친구가 서연이었어? 이렇게 서연이가 자신의 잘못을 인정하니 이제 그 이야기는 그만하자."

반듯 샘은 아이들이 수업도 그만하자고 건의를 하자, 모르는 체하며 글제를 낸다.

<글제>
2100년에는 누가 나의 이웃이 될지 미래의 생활 모습을 상상하여 적어 보자.

1. 주변의 다양한 상황들을 연결하여 구성하기
2. 장면을 구체적으로 묘사하고 표현하기

〈서연이의 글〉

　나는 정부에서 관리해 주는 고풍스런 아파트에서 다른 노인들과 함께 산다. 자식들은 새로 지은 집에서 살고 있다. 가끔 자식들과 손주들이 소풍 오듯 먹을 것과 선물을 가지고 와서 놀다 간다. 우리 앞집에는 98세 되는 노인이 혼자 산다. 노인은 새벽 6시면 어김없이 지팡이를 짚고 산책을 하러 나갔다가 1시간 뒤에 돌아온다. 지팡이에는 위치를 탐지할 수 있는 기능이 있어, 산책 시간이 길어질 경우 인근 복지센터로 연락이 간다.

　정부는 노인 인구의 증가에 따른 복지 정책으로 혼자 사는 노인 집에 전자 칩을 장착하여 노인의 움직임을 감지하고, 일정 시간 이상 움직임이 없으면 관리 사무소 직원이 방문하여 건강을 확인하게 한다. 또 자원봉사자들은 매일 방문하여 요구르트와 같은 건강 음료를 집 앞에 놓아두고, 들여놓지 않았을 때에는 관리 사무소에 연락한다. 윗집 노인은 이런 시스템 덕분에 위험한 순간을 넘겼다.

　나에게는 로봇 친구 '있으미'가 있다. '있으미'는 일정에 따라 나의 건강을 진단하고, 이상이 있으면 나를 병원에 데려다 준다. 시간을 정해서 음식을 만들어 주기도 한다. 나는 가끔 앞집 노인을 초대해 '있으미'가 준비해 준 차를 함께 마시기도 한다.

안 보면 후회할걸

📑 1. 책

▣ 제 친구들하고 인사하실래요? / 조병준 / 그린비

　작가 조병준이 여행 도중 만난 친구들은 인종도, 국적도, 삶의 모습도 모두 다르다. 그들의 공통점은 사랑과 우정, 그리고 진실한 마음을 나눌 줄 안다는 것. 인도 콜카타에서 자원봉사를 하다가 만난 이 친구들의 나눔에서 진정한 이웃의 모습을 본다.

▣ 곰팡이꽃 / 하성란 / 이가서

　"난 누구랑 얘기하고 있니?" 타인과 더불어 의사소통할 수 있을 때 개인의 삶도 의미가 있다. 주인공 '나'는 버려진 쓰레기에서 곰팡이꽃이 피어나듯 '서로에 대해 알고 배려하는 친절함'이 곧 이웃에 대한 사랑이라 말한다.

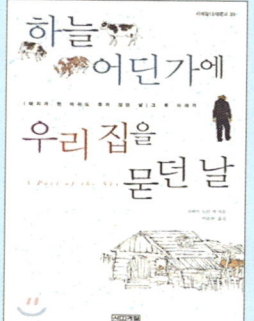

▣ 하늘 어딘가에 우리 집을 묻던 날
로버트 뉴튼 펙 / 사계절

　13살 소년 로버트가 가정을 책임지기에는 힘든 일이 너무 많다. 농사 문제, 세금 문제, 배움의 문제로 고민하는 로버트를 돕는 이웃의 모습에서 "아이 하나를 키우기 위해 백 명의 마을 사람이 필요하다."는 말을 떠올리게 된다.

◉ 2. 영화

▣ 아름다운 세상을 위하여 / 미미 레더 감독

한 소년이 제안하는 세상을 따뜻하게 하는 방법! 이 세상 사람들이 저마다 3가지씩 착한 일을 하면 세상은 아름다워질 수 있다는 트레버의 착한 발상은 현실에서도 충분히 가능한 이야기이다. 진지하게 '사랑 나누기'를 고민할 때 변화가 올 수 있음을 보여 준다.

▣ 웰컴 투 동막골 / 박광현 감독

한국전쟁이 한창이던 1950년, 산속 깊은 마을 동막골에 국군, 인민군, 연합군 병사가 함께 모인다. 긴장감 속에서 대치하던 이들은 마을 사람들 속에 동화되며 어느새 수류탄, 총, 철모, 무전기를 벗어 던지고 이웃이 된다. 동막골 사람들을 위해 힘을 합쳐 공동작전을 벌이는 이들의 마지막 모습이 깊은 여운을 남긴다.

나에게 말걸기

다섯. 생명의 신비를 찾아서

나는 어디서 온 거야?

민재와 단비는 털이라는 유전적 특성 때문에 처음으로 동지 의식과 남매간의 우애를 느꼈다. 부모님의 모습을 떠올려 보았으나, 두 분 모두 털이 별로 없었다. 도대체 누구를 닮아서 이런 특징이 생긴 것인지 궁금했다.

집에 온 민재와 단비는 부모님께 따지듯 물었다.

"엄마, 우리는 누굴 닮아서 이렇게 털이 많은 거예요? 아이들이 진화가 덜 됐다고 놀리잖아요."

"맞아요. 아빠, 엄마는 털도 별로 없는데 왜 저희만 이래요?"

아이들의 불평을 듣던 아빠가 대충 얼버무리며 이야기했다.

"옛말에 신체발부수지부모(身體髮膚受之父母)라고 했어. 부모로부터 받은 몸을 소중히 여기고 감사하라는 뜻이야. 너희도 긍정적으로 생각해."

민재와 단비는 수북한 털을 누구에게서 물려받은 것인지 도무지 알 수가 없었다. 둘은 내일 과학 시간에 명랑 샘과 이 사실에 대해 심도 있는 대화를 나눠보자고 의견을 통일했다.

낙서판

생명
임신 오전
원숭이, 고릴라
오...오랑우탄!
누굴 닮았니? 샘들 아니?

생명은 어떻게 탄생할까?

● 명랑 예리 샘의 과학 수업

명랑 샘과 함께하는 즐거운 과학 시간~ 짜잔. 서연이, 머리를 잘랐구나? 예쁘네. 어머, 웬일로 똥칠이가 눈을 초롱초롱 빛내고 있네. 예습 좀 했나 보구나. 오늘은 여러분의 관심이 옴팡 쏠릴 만한 수업을 할 겁니다. 이렇게 예쁘고 잘생긴 여러분이 어떻게 탄생했는지에 대해 배울 거예요. 재미있겠죠?

자, 여기 코뿔소와 생쥐가 있어요. 둘의 크기가 다른 이유는 무엇일까요?

코뿔소의 세포 수가 생쥐의 세포 수보다 많기 때문에 코뿔소가 더 큰 것입니다.

아니에요. 코뿔소의 세포 크기가 생쥐의 세포 크기보다 훨씬 커서 코뿔소가 더 큰 거예요.

자, 누구의 대답이 맞을까요? 그래요. 서연이의 대답이 맞아요. 코뿔소가 생쥐보다 큰 것은 세포의 크기가 크기 때문이 아니라 세포 수가 많기 때문이죠. 어릴 때와 자란 후의 몸집에 차이가 나는 것도 바로 세포 수의 차이 때문입니다. 이렇게 모든 생물의 몸은 세포로 구성되어 있고, 세포의 수를 늘림으로써 생장을 하게 돼요.

생물의 생장이란 세포의 수가 늘어나면서 자라는 것이다.

저희 반의 고씨 집안 자손들은 털이 심하게 많아요. 얘들은 앞으로 자라면서 세포가 많아지면 털도 계속 많아져서 털북숭이가 되겠네요? 푸하하.

아, 민재랑 단비가 털이 많은가 보군요. 실제로 털을 세포라고 보는 견해가 있어요. 그래서 범죄 수사 과정에서 털을 가지고 유전자 정보를 얻기도 하죠. 반면, 털은 순수 단백질 덩어리라 세포가 아니라는 의견도 있어요. 민재와 단비의 그런 특성은 아마도 유전일 가능성이 커요. 사람을 포함한 생물들은 자기와 닮은 새로운 개체를 만들면서 생식·번식하거든요.

왜냐고요? 생물의 수명에는 한계가 있어서 자손을 남겨야만 종족을 유지할 수 있기 때문이에요. 오늘은 생식의 여러 가지 방법 중, 특히 난자와 정자라는 생식 세포를 통해 사람이 어떻게 생장하는지 그 과정을 살펴봅시다. 난자, 정자라니까 민재와 똥칠이의 눈이 가늘어졌군요. 이상야릇한 생각하지 말고!

자, 인간의 탄생 과정을 그림으로 볼까요?

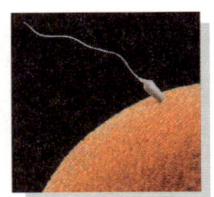

〈수정 단계〉
난자 속으로 정자의 머리가 들어가고 있네요.

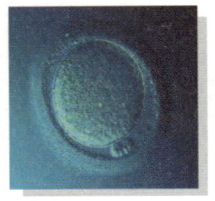

〈수정란 단계〉
엄마의 난자와 아빠의 정자가 만나 수정란이 되었어요.

〈수정란 분열 단계〉
수정란이 세포 수를 늘려 가며 개체를 만들어 가는 과정이에요.

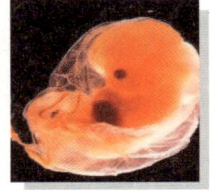

〈사람의 모습이 형성되기 시작하는 단계〉
자궁벽에 붙은 모습 좀 보세요! 심장도 보이고 탯줄 속의 혈관도 보이죠? 6주 정도입니다.

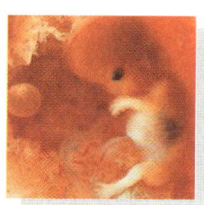

〈태아 단계〉

벌써 시간으로는 두 달이 되었네요. 태아란 이름을 붙여도 좋습니다. 보통 드라마에서 '축하합니다. 임신입니다.' 라고 말할 때가 8주 정도입니다.

〈성별이 구분되는 단계〉

어머! 손가락, 발가락이 생겼어요. 남자인지 여자인지도 알 수 있지요. 남녀 성의 결정은 오로지 정자 속에 있는 X염색체, Y염색체에 의해 결정됩니다. 4개월 정도입니다.

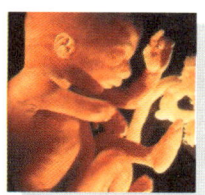

〈사람의 모습을 모두 갖추는 단계〉

손가락 발가락뿐만 아니라 다른 부분까지 사람의 모습을 완전히 갖춘 시기라 할 수 있어요. 5개월 정도 됐네요.

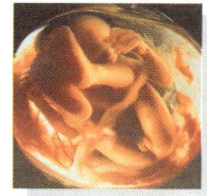

〈부분적인 세포들이 형성되는 단계〉

손을 보면 손톱도 있고요, 눈꺼풀이 생겨서 눈을 뜰 수도 있어요. 세밀한 부분이 형성되는 시기라 할 수 있죠. 7개월이 되었습니다.

〈세상에 나갈 준비를 하는 단계〉

무게도 3.4kg, 키도 50cm나 되니까 이제 나가도 되겠죠? 세상과 만날 준비 끝! 9개월 정도입니다.

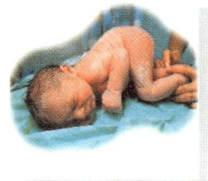

〈출산 단계〉

휴! 밝은 세상으로 나오기 참 힘드네요. 아기의 우렁찬 울음소리는 건강한 호흡을 의미하지요.

여러분도 이런 단계를 거쳐 세상에 나왔어요. 어때요? 참 신기하죠?

이렇게 태아가 엄마 배 속에서 무럭무럭 자라려면 잘 먹어야 하겠죠. 그렇다면 태아는 어떻게 영양분을 공급받을까요? 맞아요. 바로 엄마와 연결된 탯줄을 통해서 영양분과 산소를 공급받는답니다.

그러니 엄마는 태아가 건강하게 자랄 수 있도록 임신 기간 동안 몸을 보호해야 합니다. 예쁜 것을 보고 좋은 생각을 하는 등 태교에도 힘을 쏟아야 하죠. 민재, 맛있는 음식을 마음껏 먹어서 부럽다고?

엄마와 태아의 관계는 태아가 출생 후에 자라는 데도 큰 영향을 미치기 때문에 엄마는 몸과 정신 모두 건강하게 가꾸는 거랍니다. 그만큼 생명을 잉태한다는 것은 매우 중요한 일이에요.

자, 이처럼 생명을 소중히 여기는 이유는 무엇일까요? 그렇죠. 한 번 잃어버리면 다시는 찾을 수 없기 때문입니다. 인간의 노력이나 돈으로 만들어 낼 수 없는 것이기에 더 소중하지요. 그러므로 생명을 존중하는 바른 자세를 가져야 해요.

생명을 존중하는 바른 자세는

첫째, 자기 자신을 귀하고 자랑스럽게 여기는 자기 존중감을 가지는 것입니다.

둘째, 모든 사람들을 귀하게 여기고 존중하는 인간 존중 자세를 가지는 것입니다.

셋째, 사람뿐 아니라 식물이나 동물에게까지 확대된 생명 존중 의식을 가지는 것입니다.

자, 여기 이 그림의 주인공은 누구일까요? 맞아요. 반짝이는 빨간 코를 가진 루돌프예요.

루돌프는 불이 붙은 것 같은 빨간 코 때문에 친구들에게 놀림을 받았죠. 가엾은 루돌프는 단 한 명의 친구도 없이 외톨이로 지내야 했어요.

하지만, 루돌프는 그 코 덕분에 산타 할아버지에게 캐스팅됐잖아요. 친구들에게도 인기짱이 되었고요. 저는 자신만의 개성을 가진 루돌프가 부러워요.

맞아요. 하지만, 만약 루돌프가 코 때문에 자기 존중감을 가지지 못했다면, 친구들이 끝까지 루돌프를 인정해 주지 않았다면 어떻게 되었을까요? 루돌프를 보니 이런 명언이 떠오르네요.

"모난 돌이나 둥근 돌이나 다 쓰일 데가 있는 법이니 사람이 저와 같지 않다 하여 그를 탓할 것이 없느니라."

여기 있는 우리 모두는 너무나 소중한 생명체입니다. 어때요? 멋있지 않나요?

**생명은 단 하나밖에 없고,
잃어버리면 다시는 찾을 수 없는 소중한 것이다.**

생명을 강제로 조정한다고?

● 샤방 용철 샘의 사회 수업

어떤 모습을 하고 있든 모든 생명은 소중하다는 명랑 샘의 말을 민재가 음미하고 있을 때, 갑자기 동칠이가 다가와서 다시 시비를 건다.

"털~털~한 민재야, 너희 집은 비누가 많이 들겠다. 그런데 너희 남매는 누굴 닮아서 온몸이 밀림이니? 정말 궁금해서 묻는 거야. 오해하지 마! 히히."

민재의 얼굴이 붉으락푸르락할 때, 샤방 샘이 들어온다.

"애들아, 훌륭한 기자는 어려움을 겪으면서도 좋은 읽을거리를 만들어 낸단다. 너희도 딴생각하지 말고, 수업 속에서 값진 지식을 얻도록 노력해야 해. 민재처럼 무지개 색 얼굴을 하고 수업을 받더라도 말이지.

동칠아, 만약에 네가 결혼했는데 나라에서 아기를 못 낳게 하면 어떻게 할래?"

"저를 닮은 아이를 몰래 낳아서 지하실에서 키울래요."

샤방 샘은 동칠이의 답을 가볍게 무시하며 수업을 이어 간다.

"오늘은 중국의 1가정 1자녀 정책과, 60년대에서 70년대에 우리나라에서 이루어진 인구 억제 정책에 대해 알아보겠다. 선생님이 준비한 화면을 보자.

중국의 1가정 1자녀 정책

▶ 1979년, 1980년 발효, 현재도 유효.

▶ 목적
'사람은 많을수록 좋다'는 마오쩌둥의 출산 장려 정책 후 폭발적으로 늘어난 인구를 조절하기 위해 시작. 13억 1700만 명인 인구를 2050년까지 17억 명 선에서 묶는 것이 목표.

중국에서는 늘어나는 인구로 인해 식량 문제가 커지자 인구 억제를 위해 1가정 1자녀 정책을 실시했어. 1가정에 1자녀 이상이면 벌금을 물어야 하지. 벌금을 낼 수 없는 가정에서는 아이를 낳아도 호적에 올리지 못하고 숨겨 키우거나 강에 버리기도 한단. 간혹 산 채로 매장하거나 남의 집에 팔기도 하고 말이야."

말도 안 돼요. 어떻게 살아 있는 아이를 버리거나 매장할 수 있어요?

돈을 받고 팔다니요! 왜 그런 짓을 하는 거죠?

"무엇보다 식량이 심하게 부족하기 때문이야. 그런데 각 가정에 남겨진 한 자녀는 일도 할 수 있어야 하고, 대를 이어 제사도 지내야 하지. 이런 이유 때문에 결국 딸들이 희생되는 경우가 많단. 어, 얼굴들이 왜 그래? 심각한 얘기를 하니 생각이 깊어지는 모양이구나."

샤방 샘은 대한민국에서 태어난 것이 행복하지 않느냐고 하면서 남·녀 구분하며 서로 싸우지 말고 사이좋게 지내라고 말한다. 샤방 샘의 잔소리 보따리가 풀리자, 맨 앞에 앉은 민재가 공책으로 선생님의 침을 막는다.

샤방 샘은 민재에게 짜샤빠샤를 날리며 다음 표어를 제시한 후, 이들의 공통점을 묻는다.

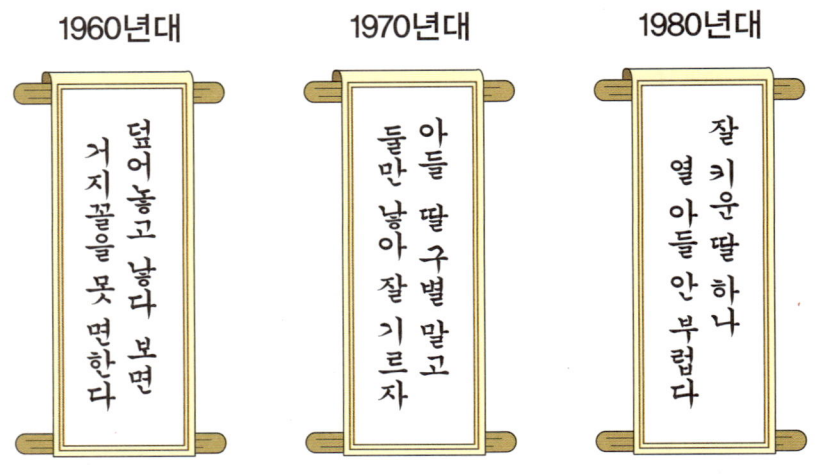

"아이를 많이 낳지 말라는 표어로군요."

동칠이의 성의 없는 답변에 샤방 샘의 자세한 설명이 이어진다.

"우리나라도 지금이야 자녀가 많은 가정에 혜택도 주고 아낌없는 지원을 하겠다고 하지만, 불과 3, 40년 전만 해도 식량 문제, 실업 문제 등의 이유로 아이를 적게 낳을 것을 권장했단다.

그렇게 강제적인 인구 정책을 실시한 후에 우리 사회는 또 다른 문제에 직면하게 되었어. 자, 중국이나 우리나라에 어떤 문제가 생겼을까?"

어느 책에서 보니까 중국에서는 한 자녀 정책을 어기고 둘째 아이를 임신했다가 강제로 낙태한 일들이 많았다고 해요. 이렇게 되면 생명을 너무 가볍게 생각할 수 있겠죠.

키우지도 못하고 자식을 죽이는 것도 차마 못한다면, 아이를 낳지 못하는 사람에게 팔려고 하지 않을까요? 국가 정책을 어기면 벌금을 내야 하는데, 그 돈이 너무 커서 차라리 매매하는 것을 못 본 척했다는 글을 본 적이 있어요.

우리나라도 남녀 성비가 불균형을 이루게 되었어요. 우리 반만 보아도 남학생이 더 많잖아요. 또, 아이를 적게 낳다 보니 노인 인구가 많아졌지요. 2050년에는 우리나라가 고령화 세계 2위일 거라는 보고도 있습니다. 걱정이에요.

여자만 좋은 거 아닌가요? 남자들이 많으니까 선택의 폭이 넓어지잖아요. 아유, 난 남자 짝꿍 싫어.

"하나를 가르치면 열을 아는 나의 제자들. 국가가 정책적으로 생명을 조정하려는 것의 문제점을 잘 알고 있구나. 너희는 정책과 상관없이 나중에 소신껏 자녀를 두겠다."

샤방 샘의 말에 아이들은 시대나 상황에 따라 생명을 강제로 조정하려는 어른들의 태도를 비판하면서, 자기들은 몇 명의 아이들을 낳을지 웅성대기 시작한다. 서연이는 자기를 닮은 아이라면 몇 명이라도 좋다고 하고, 민재는 서연이와 같은 수의 아이를 낳겠다고 하며 씨익 웃는다. 동칠이는 민재를 그윽히 바라보며 털이 많지 않은 아이라면 힘닿는 데까지 열심히 낳겠다고 선언한다.

열쇳말 ✿✿✿✿✿✿✿✿✿✿✿✿✿✿✿✿✿✿✿✿✿✿✿✿✿✿✿✿✿✿

생명존중   생명을 존귀하고 소중하게 여기는 것을 의미한다. 즉, 살아 있는 모든 것을 귀하게 여기고 모든 생명에 가치를 부여하는 사상이다.

배아 복제   수정란을 분할하거나 체세포를 핵이식해 인공적으로 배아를 만드는 것이다. 모든 조직의 세포로 분화할 수 있고, 특별한 조건에서 배양한다면 무한대로 세포 증식이 가능하며 노화하지 않는다는 특징이 있다. 환자 치료에 이용될 수 있지만, 배아 복제를 연구하는 과정에서 수정란이나 배아가 희생될 수 있다는 윤리적 문제를 안고 있다.

안락사   극심한 고통을 받고 있는 불치의 환자에 대하여, 본인 또는 가족의 요구에 따라 고통이 적은 방법으로 생명을 단축하는 행위이다. 법적·도덕적 측면에서 논란이 이어지고 있다.

우리 집 이야기

샤워를 마친 엄마가 젖은 머리를 털면서 자신의 몸매를 한껏 감상하고 계셨다. 단비는 평소와 달리 엄마를 유심히 살펴보았다. 단비의 눈빛을 느낀 엄마가 우아한 포즈를 취하며 한마디 하셨다.

"엄마 몸매가 부럽니? 하긴, 이 나이에 이 정도면 환상이지. 호호!"

"엄마 몸에는 털이 별로 없네. 민재랑 저는 털이 많아서 아이들한테 놀림을 많이 받는데 우린 누굴 닮은 거예요?"

옆에서 모녀의 대화를 듣던 아빠가 단비에게 조용히 말씀하셨다.

"단비야, 조용히 내 이야기만 들어. 절대 엄마한테 말하면 안 돼. 네 엄마, 사실 털북숭이야. 저 화장실에는 엄마의 몸을 매끈하게 만들어 주는 다양한 장비가 마련되어 있단다. 몰랐지?"

이 말을 들은 엄마가 눈을 흘기시자, 아빠가 슬슬 피하며 나와 단비에게 말씀하셨다.

"얘들아, 너희들은 털이 많다고 불평하지만, 엄마 아빠는 너희들이 건강하다는 사실만으로도 감사하단다. 우리 사회에 건강하게 태어나지 못한 사람이 얼마나 많니? 그분들을 배려하는 사회적 장치도 부족하고 말이야."

아빠의 말에 단비가 조금은 흥분한 표정으로 말했다.

"맞아요. 얼마 전에 봉사 활동 가서 만난 분들이 영화를 보러 갔는데, 휠체어를 타신 분들에게는 좌석 선택권이 없어 맨 앞에서만 영화를 보셨다고 해요.

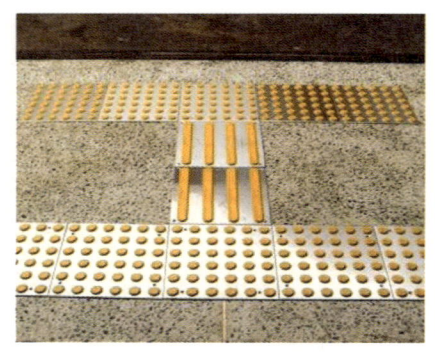

시각장애인을 위한 안내 요원도, 청각장애인을 위한 자막 서비스도 없어 불편하셨대요. 몸이 불편하든 그렇지 않든 모든 생명은 소중하기 때문에 동등하게 권리를 보장받아야 하는데 그렇지 못한 현실이 안타까웠어요."

"그렇지. 민재는 어떻게 생각하니?"

"도로나 지하철에 있는 점자 블록도 비나 눈이 오면 너무 미끄럽더라고요. 똥칠이도 몇 번 슬라이딩했는데, 장애인들은 오죽하겠어요?"

"오~ 좋은 지적이다. 역시 내 아들답군. 장애인들을 위한 시설은 실제로 도움이 되게 만드는 것이 중요하지."

"이런 시설조차 없었을 때 장애인들은 어떻게 다녔을까요?"

"지하철에서 철로로 떨어지는 등의 사고가 무수히 많았지. 이런 위험을 막으려고 점자 블록 설치, 승강장 안전문 마련, 엘리베이터 설치 등의 내용이 담긴 '교통 약자의 이동 편의 보장법'이 제정되었단다. 하지만 아직 멀었어. 정부가 좀 더 적극적으로 나서야 해."

아빠의 긴 설명에 나는 다리가 저려 코끝에 침을 바르며 외쳤다.

"국가정책도 중요한데요, 저려오는 제 다리도 편의를 보장해 주세요. 정부는 법을, 아빠는 제 다리를!"

"어이구, 엄마 배 속에서도 거꾸로 있어서 고생을 시키더니, 커서도 이렇게 삐딱해요."

공연장 장애인 외면 여전

지체장애 1급인 심모(43) 씨는 얼마 전 서울의 한 대형 공연장에서 열린 음악회에 참석했다. 심 씨는 어느 곳에든 앉을 수 있는 자유석 티켓을 얻었지만 휠체어 좌석이 몰려 있는 객석 맨 뒤에 앉아야 했다. 좌석 위치 때문에 오케스트라의 웅장한 연주 장면을 제대로 보지 못했다. 심 씨는 "휠체어용 좌석을 구석에 몰아 놔 장애인들은 VIP 티켓을 구해도 앉을 수 없다. 문화생활을 즐기고 싶어도 집에서 텔레비전만 보는 장애인들이 많다."고 불만을 터뜨렸다.

'장애인 차별 금지법'이 11일로 시행 1주년을 맞았지만 장애인들이 겪는 일상 속 차별은 줄어들지 않고 있다.

'장애인 차별 금지법'에는 "국가와 지방자치단체, 문화 예술 사업자가 장애인을 위한 편의 시설을 제공해야 한다."(24조 2항)고 명시돼 있지만 실상은 그렇지 못하다. 미비한 법령과 사업자들의 인식 부족, 부족한 편의 시설 때문이다. 전문가들은 "사업자들은 단기 수익만 따지지 말고 장애인 편의 시설을 도입하는 데 투자하고, 사업장에선 장애인 전담 직원을 배치하는 등의 노력을 기울였으면 한다."고 말한다.

우선 휠체어를 사용하는 지체장애인의 경우 좌석 선택권을 보장받지 못하고 있는 점이 큰 문제로 지적된다. 국내 주요 공연 시설 내 극장에 있는 휠체어 좌석은 대부분 객석 가장 뒤에만 설치돼 있고, 유명 복합 영화 상영관에는 스크린 바로 앞에 몰려 있다. 모두 관람이 불편한 자리다.

시각·청각장애인들도 공연 시설 이용에 있어 어려움을 겪긴 마찬가지다. 시각장애인인 조모(42) 씨는 "안내 요원이 없으면 혼자 좌석을 찾기조차 힘들다. 화재라도 나면 어쩌나 하는 걱정에 제대로 영화를 못 본다."고 하소연했다. 청각장애인 박모(32) 씨는 "한국 영화에 자막 서비스를 제공하는 극장은 채 10개가 되지 않는다."고 전했다.

이에 대해 건국대 강병근 교수(건축학)는 "편의 시설에 장애인 전담 직원을 두고 장애인의 좌석 선택권 보장을 위해 탈착식 좌석을 도입하는 등 개선책이 필요하다."고 강조했다.

서울신문 유대근 기자 2009-04-11

생명은 소중해

● 반듯 미선 샘과 함께 읽기

오늘은 반듯 샘과 샤방 샘이 교대로 들어와서 같은 주제를 다양한 영역으로 적용해 보는, 통합논술반 수업이 있는 날이다.

민재는 반듯 샘을 보기 위해 논술반 신청을 하던 날, 단비가 놀렸던 일을 생각한다.

"고기는 씹어야 맛이고, 사람은 겪어 봐야 안다더니 딱 너를 두고 하는 말이구나."

"내가 뭘?"

"넌 세 가지를 제일 싫어했잖아. 생각하기, 책 읽기, 글 쓰기. 그런데 그 세 가지만 골라 하는 논술반 수업을 듣다니 정말 의외야."

단비가 삐쭉 입을 내밀었을 때도 민재는 아무 상관없었다. 반듯 샘을 보기만 해도 기분이 좋기 때문이다.

"오랜만에 도서실에서 수업을 하게 되었군요. 지금부터 각자 자기가 좋아하는 책이나 짤막한 읽을거리를 찾은 후, 그 속에 담긴 '생명의 소중함'에 대해 발표해 봅시다. 그럼, 생명의 소중함을 찾아 출발!"

◆ 민재가 고른 신화 이야기 속으로 go! go!

〈그리스 · 로마 신화〉

헤라는 올림포스 신들 가운데 가장 못생긴 데다 다리까지 저는 헤파이스토스를 낳은 것이 창피했다. 그래서 잔인하게도 갓 태어난 아이를 바다에 내던졌다. 바다의 여신 테티스와 에우리노메는 가여운 헤파이스토스를 몰래 키웠다. 그렇게 9년을 바다의 신 네레우스의 동굴에서 자란 헤파이스토스는 불을 다루는 기술과 손재주를 인정받아 다시 올림포스로 올라가게 되었다.

비록 자신을 버린 어머니였지만 헤파이스토스는 헤라를 끔찍이 위했다. 어느 날 제우스와 헤라가 심하게 부부싸움을 했는데 헤파이스토스가 어머니 헤라의 편을 들자 화가 난 제우스는 그를 올림포스 밖으로 내던졌다. 불쌍한 헤파이스토스는 또다시 렘노스 섬에 떨어졌고, 이 상처 때문에 주민들의 보살핌에도 불구하고 더 심한 절름발이가 되고 말았다.

이 신화는 누구에게나 외모나 재주 등 각자의 장점이 있음을 보여 줍니다. 힘이 약한 사람, 못생긴 사람 등 사회적 약자를 배려하지 못하는 점을 반성해 보았으면 합니다. 또한 생명은 탄생 그 자체로 존중받아야 하고, 그럴 때 우리의 삶은 공동체 안에서 더욱 값진 열매를 맺는다는 생각이 들었습니다.

〈문어의 모정〉

문어는 천적이 없을 만큼 강하지만, 어미로서는 약하디약한 존재이다. 바위 숲 깊숙한 곳에 산란을 하는 그 순간부터 어미 문어는 약자의 길을 택한다. 카멜레온보다 더 빠르게 몸 색깔을 바꿔 내는 보호색이란 장기도, 단번에 바닷가재의 예리한 집게발을 무력화하는 날렵한 사냥술도 무용지물이 된다. 어미는 제가 낳은 알을 끌어안고 다른 고기들의 입질로부터 알들을 보호하느라 전전긍긍이다. 그렇게 사는 날이 무려 50일. 먹지도 자지도 못하는 어미를 지탱하는 힘은 알들이 부화해서 어미 품을 떠나는 순간에 대한 희망이다.

부모가 자식을 내팽개치기도 하고 자식이 부모를 죽음으로 몰고 가기도 하는 현실 속에서, 우직하게 퍼 주기만 하는 문어의 사랑이 더 소중하게 느껴집니다.

어미 문어는 자신의 목숨을 보전하여 계속 알을 낳으면 되는데, 왜 목숨을 버려 가며 알을 지키지요?

그래야, 다큐멘터리지. 아니면 여기도 1가구 1자녀 정책인가? 아무튼 그걸 왜 나한테 물어? 내가 문어냐?

◆ 서연이가 권하는 문학 속으로 go! go!

〈황허에 떨어진 꽃잎〉

이야기는 레아가 병마용 전시회를 취재하는 데서 시작한다. 레아는 병마용이 실제로 발굴될 당시 그 현장을 취재했던 독일 기자에게 입양된 중국 소녀이다. 레아는 부모님이 돌아가시면서 자신이 입양되었다고 생각하고, 새로운 환경에서도 늘 명랑하고 적극적으로 생활해 왔다. 그러던 중 학교 신문사의 라이벌 루카가 쓴 기사를 통해 중국의 1가정 1자녀 정책의 비화를 알게 되고, 자신 역시 검은 비닐봉지에 싸여 버려진 희생자였음을 알게 된다.

분노와 충격에 휩싸인 레아는 진실을 알아내기로 결심하고 양부모를 설득해 중국으로 간다. 그리고 이미 자신이 태어나기 전에 언니가 있었으며, 언니 역시 여자아이라는 이유로 황허 강에 버려졌다는 사실을 알게 된다.

레아는 입양되었다는 사실보다 자기가 부모로부터 버려졌다는 사실이 더 슬펐습니다. 또한 국가가 정책을 무기로 국민의 생명을 함부로 죽일 수 있다는 점에 분노했습니다. 이 부분에 대해 토론을 하고 싶습니다.

● 샤방 용철 샘의 토론 시간

"서연이가 좋은 토론 주제를 제시했구나. 지난 시간에는 이 정책 때문에 생기는 문제점을 다루었지? 오늘은 국가의 산아제한 정책이 국민의 행복을 위한 것인지에 대해 전문가의 입장이 되어 토론해 보자."

토론 주제: 국가의 산아제한 정책은 과연 옳은가?

법률 전문가 고민재

누구나 음식을 먹을 권리를 갖고 태어나요. 하지만 먹을 게 없어 죽는 국민이 있죠. 정부는 이를 위해 적절한 법을 만들어야 해요. 굶어 죽는 자식의 모습을 보는 부모의 마음을 상상해 보세요.

인권 전문가 난동경

중국에서는 아기를 낳는 것을 법으로 정해 놓고, 결혼 연령도 제한했어요. 허가 없이 임신하면 처벌도 받는다고 합니다. 이건 개인의 행복을 너무 억압한 것이 아닐까요?

복지 전문가 도서연

국가는 국민이 사람답게 살 수 있게 도와야 합니다. 자녀를 한 명만 낳는 정책을 지키면 무상교육과 의료 지원, 노후 혜택을 받을 수 있어요. 고령화 사회에 대한 대비라고도 할 수 있죠.

윤리 전문가 고단비

국가가 임신 8개월까지 낙태를 강요하는 것은 명백한 살인입니다. 나중에 잘살기 위해 눈앞에 있는 생명을 해치는 것이 과연 옳은가요? 생명을 함부로 대하는 국가를 국민이 신뢰할 리 없습니다.

반듯 샘 특강

배심 토론

1. 배심 토론은 무엇인가요?

어떤 문제에 대하여 개인 또는 사회 각계의 입장이 서로 다를 때, 전문가 또는 책임자들이 각자의 입장에서 의견을 밝히며 토론하는 기법이에요. 패널 토론이라고도 하죠.

2. 배심 토론은 어떻게 진행되나요?

가. 사회자가 토론 과제를 설명하고, 토론자를 소개해요.

나. 참가자(패널)는 자신의 입장을 설명하고, 서로 다른 정보를 교환해요.

다. 사회자는 토론 내용을 요약하고 청중의 질문을 유도해요.

라. 토론자와 청중은 질의응답을 통해 결론을 이끌어 내요.

3. 어떤 점에 유의해야 하나요?

가. 배심원을 선정하고, 사회자를 중심으로 토론자가 마주 보게 자리를 배치해요.

나. 토론자의 발표가 끝난 후에 질문을 해요. 사회자의 지명을 받은 사람은 자신의 이름을 밝히고 간단하게 질문해요.

다. 상대방 토론자에 대한 비방, 감정적 발언, 인신공격 등은 피해요.

4. 배심 토론으로 다룰 수 있는 주제를 더 알려 주세요.

– 안락사를 법적으로 인정해야 하는가?

– 기여입학제도는 대학 발전에 필요한가?

– 자신의 거주지에 혐오 시설 설치를 반대하는 것은 이기주의인가?

심판

찬성 반대

배심원 10명

방청객

나는 역시 소중한 존재야

● 헐랭 영찬 샘의 논술 시간

　　도서관에서 있었던 반듯 샘과 샤방 샘의 통합논술반 시간은 재미있었다. 친절하고 환한 얼굴을 대하다가 갑자기 멍게 사촌인 헐랭 샘이 교실에 들어오니 민재는 빨리 끝내고 싶은 생각이 간절하다. 이럴 때는 시계가 참 천천히도 간다.

　　"즐거운 논술 시간이 돌아왔다. 논술은 자신의 생각을 정확하게 표현하는……."

　　헐랭 샘은 어려운 말을 섞어 가며 지루한 설명을 늘어 놓는다. 아득하게 들리는 헐랭 샘의 잔잔한 말소리에 눈꺼풀도 잔잔한 파도타기를 즐긴다. 감겼다. 떴다. 감겼다. 떴다…….

　　헐랭 샘은 여전히 서연이만 바라보며 말을 한다. 서연이가 고개를 끄덕이며 아는 체를 하면 이에 신바람이 난 헐랭 샘의 말소리가 점점 빨라진다. 헐랭 샘도 서연이가 쳐다봐 주니 좋은가 보다.

　　"서연이의 수업 태도가 참 좋구나. 선생님을 좋아해서 그런가?"

　　"선생님도 참. 저는 짙은 숯검정 눈썹을 가진, 인상이 강한 사람이 좋아요. 선생님은 다 멋있는데 눈썹이 좀……."

　　선생님과 서연이의 대화를 듣던 민재가 졸음에서 벌떡 깨 자신의 눈썹을 획 쓸어 본다. 부모님이 주신 위대한 유산을 자랑스럽게 드러내고 싶다.

나의 유전자 중 가장 자랑스러운 유전자와 버리고 싶은 유전자를 적고, 그 이유를 쓰시오.

1. 각각 한 가지씩 제시하기

2. 부모님과 자신의 공통점과 차이점을 연관 지어 쓰기

〈민재의 글〉

나는 작은 소리도 아주 잘 듣는다. 엄마 친구 분이 오셔서 거실에서 작은 소리로 이야기를 하셔도 방문에 귀를 대고 있으면 무슨 이야기인지 알 수 있다. 이 유전자를 자랑스럽게 여기는 이유는 바로 청음 능력과 연결되기 때문이다. 음악에 대한 열정도 청음 능력이 좋아서 생긴 것이 아닌가 싶다. 금속 악기의 찢어지고 터질 것 같은 소리와 나무로 된 악기의 시원한 소리, 기타와 같이 줄로 된 악기의 끊어질 듯 이어지는 소리는 나를 흥분하게 한다. 이 유전자는 거실에서도 방에 있는 나의 혼잣말에 대답하시는 아빠에게서 온 것 같다.

버리고 싶은 유전자는 뭐니 뭐니 해도 이 털이다. 아빠는 털이 많으면 겨울에도 따뜻하니 좋게 생각하라고 하시지만, 나는 받아들일 수 없다. 털이 많다고 놀림 당하고, 짧은 옷을 입을 수도 없으며, 피부도 검게 보여서 여간 불편한 게 아니다. 엄마도 화장실에 있는 그 기구를 사용하시기 전에는 이렇게 불편하셨을 텐데, 내 마음을 너무 몰라주신다. 나도 엄마가 사용하신다는 털 제거 기구를 사용해야 할 것 같다. 물론 멋진 눈썹만은 예외다.

안 보면 후회할걸

1. 책

생명이 있는 것은 다 아름답다 / 최재천 / 효형출판

우리들이 미처 알지 못했던 여러 동물들에 대한 재미있고 흥미로운 사실들을 담아내고 있다. 또한 이 세상에 생명이 있는 것들은 모두 아름다우며, 이 아름다움은 그것을 볼 줄 아는 사람만 느낄 수 있는 값진 경험이라는 사실을 이야기한다.

물은 답을 알고 있다 / 에모토 마사루 / 더난출판

물은 사랑한다는 말에 예쁜 결정을 만들어 내고, 싫어한다는 말에 흐트러진 모양으로 반응한다. 이 사실은 물이 생명력을 가지고 살아 있다는 것을 증명한다. 사랑과 감사로 충만한 대자연의 섭리 속에서 행복하게 살기 위해 어떻게 해야 할지에 대한 답을 준다.

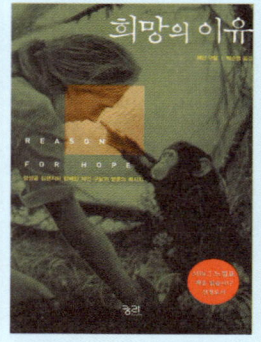

희망의 이유 / 제인 구달 / 궁리

평생을 침팬지와 함께 살아온 행동과학자이며 의사인 제인 구달은 아무리 환경이 나빠도 여러 사람이 힘을 모아 개선하려 하는 한 희망이 있다고 말한다. 아프리카를 배경으로 자연에 대한 지식과 희망의 정서를 전달한다.

⚙ 2. 영화

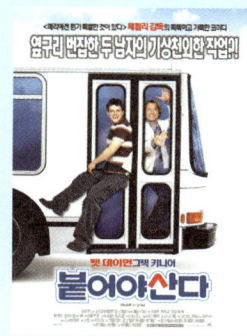

◘ 붙어야 산다 / 바비 패럴리, 피터 패럴리 감독

밥과 월트는 성격, 외모, 재능이 모두 다르지만 샴쌍둥이이기에 붙어서 산다. 이들은 월트의 희박한 생존 가능성에도 불구하고 분리 수술에 도전한다. 누구를 살릴 것인지의 선택을 누가 할 수 있겠는가의 문제가 남는다.

◘ 하루 / 한지승 감독

캠퍼스 커플로 시작하여 결혼에 성공했지만, 오랫동안 아이가 생기지 않던 석윤과 진원에게 기적처럼 아이가 생긴다. 그러나 이 기적과 같은 기쁨도 잠시, 무뇌아인 아이는 태어나도 하루밖에 살지 못한다는 말을 들은 둘은 이 아이를 낳아야 하는지에 대해 갈등을 겪게 된다.

◘ 센과 치히로의 행방불명 / 미야자키 하야오 감독

부모님과 이사를 가던 중에 행방불명이 된다면 낯선 곳에서 잘 견뎌 낼 수 있을까? 온천장에 취직한 치히로는 신들의 휴식처에서 센이라는 이름으로 일하게 된다. 갖가지 물의 속성을 배우면서 생명의 다양한 모습을 만나게 된다.

나에게 말걸기

여섯. 행복의 조건은 무엇일까?

내가 바라는 행복이란

헐랭 샘이 칠판에 '정부회장 선거'라고 크게 쓴다. 그 글자를 보니, 민재는 어젯밤의 상상이 떠올라 가슴이 뛰기 시작한다. 회장! 생각만 해도 행복한 웃음이 난다. 으흐흐.

"자, 우리 반을 이끌 회장 후보를 추천해 봐라."

동칠이가 쓱 둘러보더니 번쩍 손을 든다.

"샘, 저는 임시 회장이었던 민재를 추천합니다. 민재는 까칠하긴 하나 정의롭고 친구 관계가 좋기 때문입니다."

의리파 동칠이가 추천을 하자, 민재는 으쓱하며 속으로 쾌재를 부른다. 이어서 동경이와 서연이가 추천되고 후보들의 연설이 이어진 후, 개표가 시작된다.

"도서연, 난동경, 도서연, 난동경, 난동경, 난동경, 난동경……."

민재는 어리둥절하다. 자신의 표가 하나도 나오지 않자 부끄럽고 무안하다. 드디어 투표 결과가 발표된다.

"난동경 24표, 도서연 10표, 고민재 1표, 이상!"

민재는 결과를 믿을 수 없다. 자신이 찍은 표와 자신을 찍어 준 동칠이 표를 합하면 적어도 두 표는 나와야 한다. 민재는 용기를 내서 손을 번쩍 들고 말한다.

"선생님, 이 투표는 무효입니다. 제 표가 적어도 저와 동칠이의 표, 2표 이상은 나와야 하는데 1표밖에 나오지 않았습니다."

"너는 너를 찍었니?"

"네."

일순간 아이들이 모두 박장대소하며 웃는다. 민재는 동칠이를 쳐다본다. 애써 민재의 눈빛을 외면하며 책상 속을 정리하는 동칠이를 보니 배신감과 창피함, 회장 선거에서 떨어진 슬픔 등이 한꺼번에 밀려든다.

　'어젯밤의 행복은 다 어디로 간 것일까? 행복과 불행이 이렇게 한순간에 바뀌다니!'

　오늘은 이래저래 망신살이 뻗쳤다.

행복을 바라보는 몇 가지 방법

● 헐랭 영찬 샘의 국어 수업

애들아 안녕. 어이, 임시 회장 민재, 마지막으로 인사해 볼까? 싫다고? 짜아식, 회장 선거 떨어졌다고 삐쳤냐? 괜찮아. 세상 끝난 것도 아닌데, 불만스런 표정 그만 짓고!

너희들 문자메시지 보낼 때 가장 많이 쓰는 인사말이 뭐니? 아마 "행복하세요."가 아닐까 싶다. 여기저기서 "행복하세요."가 아주 넘쳐 나지 않니. 행복이라, 참 좋은 말이지. 그런데 과연 그 뜻을 얼마나 이해하고 쓰는지 생각해 본 적 있니? 민재야, 표정 좀 풀라니까. 오던 행복도 도망가겠구나.

그렇다면 한번 생각해 보자. 과연 행복은 무엇일까? 나는 행복하게 살고 있나? 너와 나의 행복은 모두 같은 것일까?

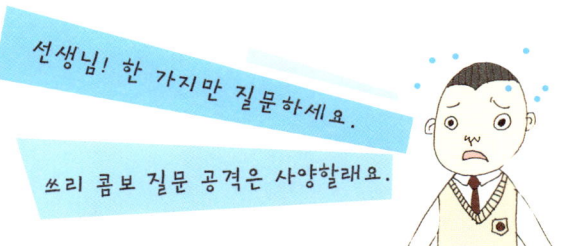

선생님! 한 가지만 질문하세요.

쓰리 콤보 질문 공격은 사양할래요.

자, 이 그림들을 봐. 처음 봤을 때 무엇처럼 보이니?

– 데프 레파드 〈Retro Active〉
(유니버설뮤직 1993)

오, 이거 본 적 있어요. 저는 아무래도 저처럼 아름다운 여인이 먼저 눈에 들어오네요.

딱 보면 해골인데요. 자세히 들여다보면 여자가 보이지만요.

그래. 해골로도 보이고 거울 보는 아름다운 여인으로도 보이지. 둘 다 맞아. 어느 한쪽이 정답은 아니란다.

– 김재홍 〈동강의 아이들〉(길벗어린이 2000)

이 그림도 보렴. 호수 위에 산이 있고, 산 그림자가 호수에 비친 아름다운 풍경화 같지? 자, 고개를 살짝 왼쪽으로 틀어 봐.

어머니와 아이가 정성스레 손을 모으고 기도하는 그림이네요. 와, 신기해요.

그런데 선생님, 행복에 대해서 알려 주신다더니 왜 자꾸 이런 요상한 그림만 보여 주신대요?

흠. 똥칠이의 그 질문을 기다렸다. 같은 그림이라도 사람마다 어떻게 보느냐에 따라 의미가 달라지지? 이처럼 사물도 어떤 관점으로 보느냐에 따라 그에 대한 가치 판단이 달라질 수 있어. 행복도 이와 비슷한 면이 있단다.

사물은 관점에 따라 다르게 보일 수 있다.

지금 공부한 내용을 바탕으로 다음 글을 읽어볼까?

> 사랑하는 로우 이모,
>
> 내게 행복했던 순간이 있었을까요? 엄마와 지낼 때도, 요양원에 있을 때도, 그리고 지금 이 기숙사에서도 내게 행복이 찾아왔던 적은 한 번도 없었어요.
>
> 언젠가 이모가 말했지요. 행복이 찾아오면 의자를 내주라고 말이에요. 이제야 이모가 한 말을 가슴으로 깨달아요.
>
> 행복은 의자를 내줄 때에야 비로소 찾아온다는 것을. 행복이 앉을 수 있는 작은 의자를 내가 먼저 내주어야 한다는 것을 말이에요.
>
> 이모, 사랑하는 로우 이모,
>
> 어쩌면 내가 방금 행복에게 의자를 내주었는지도 몰라요…….
>
> – 미리암 프레슬러 〈행복이 찾아오면 의자를 내주세요〉(사계절 2006)

똥칠이, 갑자기 왜 일어나? 뭐, 행복에게 의자를 내주려고? 너무 양보하는 거 아니냐? 혹시 너 민재에게 의자를 양보하려는 거니? 회장 선거 사건이 너무 미안해서? 의자는 속죄의 도구가 아니란다.

이 글을 읽은 소감을 각자 이야기해 볼까?

저는 행복의 자리를 광내고 닦아 두었어요. 그런데 그 의자에는 동경이가 앉고 말았지요. 1표의 수모를 겪고 보니 저 말이 늘 옳진 않다는 생각이 들어요. 오히려 염장을 지르는 것 같습니다.

행복해지기 위해서 먼저 노력하라는 뜻이네요. 하지만 노력한다고 행복이 모두에게 오는 것은 아니니까 행복이 오지 않을 때 좌절하지 않는 마음도 필요합니다.

전 서연이든 유나든 누구나 찾아오면 언제나 의자를 먼저 내줄 거예요. 민재는 빼고. 행복은 바깥에서만 찾아오는 게 아니에요. 내 안에서 시작되기도 하죠. 흥흥흥~

와~ 다들 잘 이야기 했다. 행복이란 충분한 만족과 기쁨을 느끼는 흐뭇한 상태야. 받아들이는 사람에 따라 같은 상황을 행복하다 느낄 수도 있고 불행하다 느낄 수도 있지. 이처럼 사람마다 가지고 있는 기준에 따라 행복은 여러 가지 모습으로 나타난단다.

행복은 주관적이고 상대적이다.

난 나의 미소가 백만 불짜리라 생각해. 내가 웃으면 남들도 따라 웃거든. 너희들이 나를 헐랭 샘, 헐랭이 샘이라고 해도 행복해. 헐랭한 것은 여유가 있다는 의미니까. 뭐, 비어 있는 거라고? 똥칠아, 그래도 난 행복해. 민재, 똥칠이, 내가 행복하다니까 샘이 나는가 보구나. 너희들은 언제 행복하니?

시험 끝나고 서연이가 큰일이 난 것처럼 엉엉 울더라고요. 친구들이 위로해 주었는데, 알고 보니 수학 문제 하나, 사회 문제 하나 틀렸다고 울었대요. 저는 최선을 다했으면 결과가 나빠도 견딜 수 있어요. 속은 좀 쓰리지만요.

민재가 이런 면에선 나와 같은 헐랭한 여유가 있네. 별명 바꿀까? 헐랭 민재! 으하하.

네가 회장 선거에서 최선을 다해 노력했다면 된 거야. 결과는 기대보다 심하게 좋지 않았지만, 그 과정에서 충분히 행복감을 느꼈을 거야. 그렇지?

저는 남들이 저를 인정해 줄 때 행복해요. 제가 건의해서 학급자치활동을 가요제로 바꿨잖아요. 아이들이 제 덕분에 재미있었다고 말할 때 정말 신났어요. 하고 싶은 것을 여럿이 함께 하는 게 재미있더라고요. 뭉클한 뭔가가 마음속에 차올랐어요.

그래. 가요제 정말 재미있었지. 선생님도 유나의 모습을 보고 멋진 가수가 될 거라 생각했어. 이다음에 콘서트 초대권 잊지 마. 꼭!

유나는 남들이 자신을 인정해 줄 때 행복하다고 했어. 너희들이 내 수업을 재미있고 유익하다고 인정할 때, 나도 행복하단다.

왕관에 불순물이 어떻게 섞여 있는지 깨달은 순간, 아르키메데스는 알몸으로 달려 나와 '유레카'라고 외쳤다지요. 창피함을 잊어버릴 만큼 발견의 기쁨은 큰 행복이었겠죠. 저도 어려운 문제를 스스로 해결했을 때 무척 행복했어요.

서연이의 자신감이 어디서 오는가 했더니, 바로 노력에서 오는 거구나. 깨달음에서 오는 행복, 오늘도 밤낮없이 연구하는 사람들은 바로 이런 행복 때문에 시간과 노력을 아끼지 않는 거야.

똥칠이, 수학 문제 하나를 1시간 이상 풀라고 하면 어떻게 할래? 아마 네가 수학 문제를 푸는 게 아니라 수학 문제가 너를 풀고 있겠다. 왜 무시하냐고? 그럼 너도 발표해 봐.

저는 음악을 틀어 놓고 신나게 춤출 때 행복해요. 춤출 때는 아무 생각도 안 나요. 그냥 땀 흘리고, 거친 숨을 몰아쉬고, 음악에 빠져 있다는 것만으로도 즐거워요. 나중에 우리나라 최고의 춤꾼이 될 거예요. 지금 제 사인을 받아 두는 것도 좋을 텐데.

선생님은 몸치라서 춤이라면 남이 볼까 무서운데, 똥칠이는 시간 가는 줄 모르고 즐길 수 있다는 말이네. 부럽구나. 다른 사람에게는 어려운 일이 자신에게는 행복한 일이 될 수 있지. 너와 나의 행복이 다를 수 있는 것, 그게 바로 행복의 묘미란다.

요컨대 각자의 성격, 역할에 따라 행복을 느끼는 순간은 다르단다. 그래서 상대적이라고 말할 수도 있지만, 가만히 따져 보면 그 속에서 공통점을 발견할 수 있어. 그것이 '우리'가 추구하는 행복한 삶의 조건이 되어야 해. 너와 나의 행복의 잣대가 다르더라도 보다 많은 사람들이 함께 행복할 수 있도록. 그러기 위해서는 행복의 가지들이 바람직한 가치에 뿌리를 두고 뻗어 나가도록 해야 한단다. 어렵니? 민재와 똥칠이, 실눈이 되었네.

자, 눈을 크게 뜨고 행복의 조건을 찾으러 떠나자! 여기 '행복의 나무'가 있으니 너희가 행복하다고 생각하는 조건을 붙여 보렴.

행복의 가지는 바람직한 가치에 뿌리를 두어야 한다.

한국인은 얼마나 행복할까?

● 샤방 용철 샘의 사회 수업

샤방 샘이 교실에 들어오면 "야아!"하는 함성과 함께 웃음바다가 된다. 저 범상치 않은 복장을 보라. 화려한 빨간색 나비넥타이! 이게 다 아이들을 즐겁게 해 주려는 선생님의 노력인 걸 알기에 아이들이 보내는 야유에도 속 깊은 정이 느껴진다. 오늘은 웬일인지 예쁜 자전거 모형을 들고 왔다.

"자, 오늘은 경제적 빈곤과 행복 지수 사이에 어떤 관계가 있는지 공부해 보겠어. 똥칠아, 압둘라만 3세가 어느 제국을 다스렸냐?"

동칠이는 기가 막히다. 압둘인지 뒷둘인지도 처음 듣는 이름인데, 어느 제국을 다스렸는지를 어떻게 아냔 말이다.

"사라센 제국이요. 사라센 제국은 세계 역사상 가장 큰 왕국이었어요. 압둘라만이 49년간이나 통치했지요."

또박또박 낭랑한 서연이의 목소리는 아는 게 없는 동칠이를 감탄하게 만든다. 퀴즈의 상품, 아까 그 예쁜 자전거 모형은 서연이에게 돌아간다. 동칠이는 "살아서는 갖지 못할 저 자전거, 살아서는, 살아서는, 사라센, 엇비슷한데?"라

156

며 처절하게 공통점을 찾는다.

"압둘라만은 현재 화폐로 연간 260억 원이나 벌었다고 한다. 아리따운 여인 3,321명을 뽑아 후궁으로 삼았고, 자녀는 616명이나 있었지. 겉으로 보면 행복의 조건을 모두 갖춘 것 같지? 그런 그가 숨을 거두며 마지막으로 한 말이 뭔지 아니?"

샤방 샘의 질문에 동칠이가 벌떡 일어나 대답한다.

"이 재산과 여인은 모두 똥칠이에게 주고, 자녀는 민재에게 주거라."

샤방 샘은 동칠이에게 쨔쨔빠샤를 날리며 압둘라만이 한 말을 알려 준다.

"내 평생 행복했던 날은 겨우 14일에 불과했다."

샤방 샘은 좋은 환경이 우리를 행복하게 하는 것이 아니라, 행복한 마음이 좋은 환경을 만든다는 설명을 덧붙인다. 그리고 다음 그래프 자료를 보면서 행복하기 위해 사회적으로 필요한 조건이 무엇인지 함께 탐색해 보자고 제안한다.

대한민국은 지금

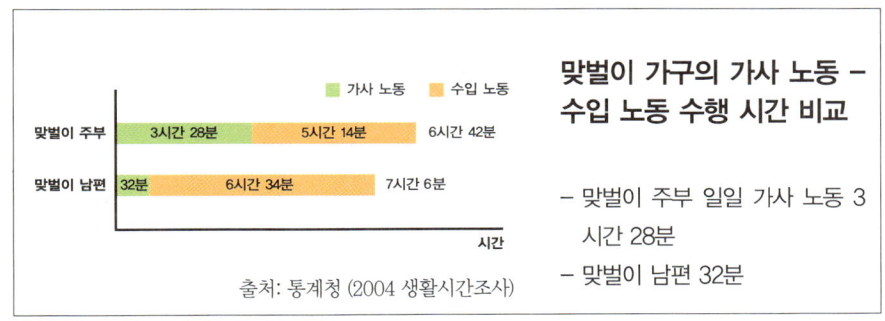

맞벌이 주부 | 3시간 28분 | 5시간 14분 | 6시간 42분
맞벌이 남편 | 32분 | 6시간 34분 | 7시간 6분

가사 노동　수입 노동

맞벌이 가구의 가사 노동 – 수입 노동 수행 시간 비교

– 맞벌이 주부 일일 가사 노동 3시간 28분
– 맞벌이 남편 32분

출처: 통계청 (2004 생활시간조사)

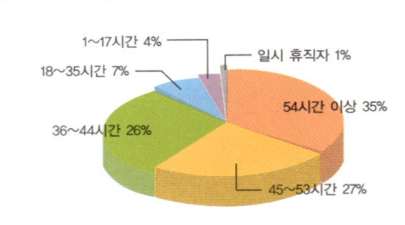

주당 근로 시간대 별 취업자 현황

- 전체 취업자 3명 중 1명은 주당
  54시간 이상 노동
- 2007 상반기 주당 총 근로시간은
  OECD 국가 중 1위

1~17시간 4% / 일시 휴직자 1% / 54시간 이상 35% / 18~35시간 7% / 36~44시간 26% / 45~53시간 27%

출처: 통계청 (2007 경제활용연구조사)

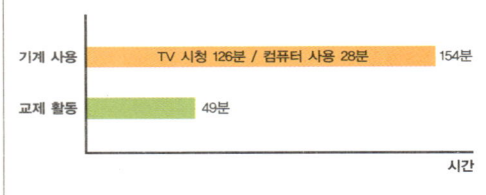

자기 계발을 위해 학습하는 학습자 비율

- 하루 10분 이상 자기 계발을 위해 학습하는 일
  반인 20명 중 1명

안 한다 95% / 한다 5%

출처: 통계청 (2004 생활시간조사)

평일 여가 활동 별 시간 비교

- TV, 컴퓨터와 마주하는 시간 154분
- 사람과 교제하는 시간 49분

기계 사용 / TV 시청 126분 / 컴퓨터 사용 28분 / 154분
교제 활동 / 49분
시간

출처: 통계청 (2004 생활시간조사)

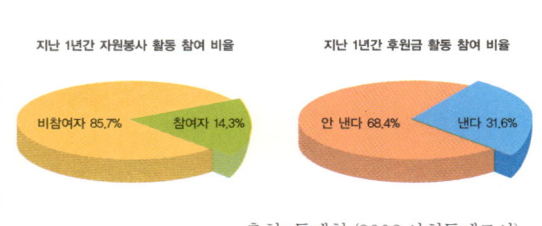

자원봉사 등의 활동에 참여한 비율

- 1년간 자원봉사 활동에 참
  여한 사람 14.3%
- 사회복지 단체 등에 후원
  금을 낸 사람 31.6%

지난 1년간 자원봉사 활동 참여 비율 / 비참여자 85.7% / 참여자 14.3%

지난 1년간 후원금 활동 참여 비율 / 안 낸다 68.4% / 낸다 31.6%

출처: 통계청 (2006 사회통계조사)

샤방 샘이 민재에게 이 자료를 통해 알게 된 사실을 묻는다.

"이것만 보면 우리나라 사람들은 별로 행복하지 않은 것 같아요. 일하는 시
간이 너무 많아서, 특히 맞벌이 주부들은 진짜 힘들겠어요. 자기 계발하는 시
간도 부족하고 남을 돕는 문화도 아직은 적어요."

"민재가 잘 이야기했다. 행복해지기가 참 쉽지 않지? 일하는 엄마들이 저렇게 힘드니 저출산의 문제도 생기지. 또 쉴 틈이 별로 없으니 사람을 만나기보다 텔레비전이나 컴퓨터에 매달리는 것이고. 자, 그렇다면 우리가 어떻게 해야 지금보다 행복해질 수 있을까?"

샤방 샘은 각 표에 드러난 문제를 해결하기 위한 바람직한 방안을 친구들과 의논해 보라고 한다. 아울러 행복하기 위한 사회적 조건을 하나씩 채워 가면서 '우리'가 함께 행복할 수 있는 방법을 찾아보라고 당부한다.

열쇳말

관점	사물이나 현상을 관찰할 때, 그 사람이 보고 생각하는 태도나 방향을 말한다. 사물과 현상에 대한 견해를 규정하는 사고의 기본 출발점이다.
행복	욕구가 충족되어 부족함이나 불안감을 느끼지 않는 심리 상태를 의미한다. 단, 그 상태는 극히 주관적이다. 사람뿐만 아니라 여러 가지 생물에게도 이에 상응하는 상태가 있다고 한다.
행복추구권	"모든 국민은 인간으로서의 존엄과 가치를 가지며, 행복을 추구할 권리를 가진다. 국가는 개인이 가지는 불가침의 기본적 인권을 확인하고 이를 보장할 의무를 진다."는 내용으로 헌법 제10조에 보장되어 있다.
절대적	아무런 조건이나 제약이 붙지 아니하는 것 또는 비교하거나 상대될 만한 대상이 없는 것을 말한다.
상대적	서로 맞서거나 비교되는 관계에 있는 것을 말한다.

우리 집 이야기

요즘 우리 집에서는 할머니가 제일 바쁘시다. 노인 대학에서 에어로빅 발표 회를 하는데 최종 마무리 맹연습에 들어가셨기 때문이다. 연습을 마치고 오신 할머니 복장에 우리 모두 배를 잡고 웃었다. 둥근 배가 세 겹으로 접혀 보이는 빨간색 쫄티, 거기다 초록색 쫄바지에 짧은 치마를 덧입으신 모습은 귀여워 보이기까지 했다.

"우리가 늙어 몸이 말을 듣지 않아 그렇지, 얼마나 열심히 하는지 아니? 네 할아버지가 워낙 고지식해서 젊었을 땐 춤 배우고 싶다고 입도 벙긋 못했는데, 요즘은 정말 날아가겠다."

움찔하는 할아버지를 째려보시며 할머니는 소녀처럼 행복하게 웃으셨다. 나는 문득 엄마, 아빠는 언제 가장 행복하신지 궁금해졌다.

"아빠는 언제가 가장 행복하세요?"

"3일 동안 꽉 막혔던 대장이 폭발적 파워로 뻥 뚫렸을 때."

"에이, 장난하지 마시고요."

"장남 아니고 막낸데?"

아빠는 어설픈 개그를 하시더니, 내가 어렸을 때의 이야기를 들려주셨다.

"네가 두 살 땐가 세 살 때야. 아빠가 텔레비전을 보다가 피곤해서 입을 벌린 채 깜빡 잠이 들었나 봐. 그때 과자를 먹던 네가 뒤뚱뒤뚱 다가오더니 내 입에 자기 입에 있던 과자를 넣어 주는 거야. 말도 못하는 어린 것이 아빠를 생각하는 것 같아 진짜 행복하더라. 이제껏 그렇게 맛있는 과자는 못 먹어 봤어."

"에그, 더러워."

아빠의 말에 단비가 수선을 피웠다. 엄마도 아빠의 말씀을 듣고 떠오르는 순간이 있으신 모양이었다.

"너희가 한꺼번에 생겼잖니. 한 녀석은 왼쪽에서 차고 한 녀석은 오른쪽에서 차고, 배가 남산만 해도 세상을 다 가진 것 같았어."

엄마는 또 시를 쓸 때 행복하다고 하셨다. 언젠가 꼭 시인으로 활동하고 싶다는 엄마는 시낭송을 좋아하는 문학소녀의 감성을 아직 고스란히 안고 계셨다.

"엄마, 시를 쓰기에는 너무 늦은 나이 아니에요?"

옆에서 나의 말을 듣고 계시던 아빠가 신문 기사를 보여 주며 말씀하셨다.

"꿈꾸는 일에 늦음은 없다. 나줌마 시인, 기대할게요."

무용수 할머니, 시인 엄마의 모습을 떠올리자 입가에 미소가 절로 피어났다.

"실버댄스가 고스톱보다 훨씬 신나"

서울 성동구에서 할머니, 할아버지들이 신바람이 났다. 오는 31일까지 어르신들이 다양한 야외 활동과 취미로 경연을 벌이는 실버 축제가 열리고 있기 때문이다.

성동구는 지난 17일 게이트볼 대회를 시작으로 '제1회 성동구청장배 어르신 건강 대축제'를 개최하고 있다.

오는 24일에는 구청 대강당에서 배드민턴 대회가, 27일에는 구민체육센터 소체육관에서 탁구 대회가, 31일에는 구청 대강당에서 단체 경연 대회(건강 체조, 노래 율동, 실버 댄스)가 펼쳐진다.

성동구에 사는 65세 이상 노인이면 누구나 참여 가능하고, 경기 종목은 건강 체조, 노래 율동, 실버 댄스, 탁구, 배드민턴, 게이트볼 등 총 6개다.

옥수동에 사는 김영옥 할머니는 "고스톱을 치거나 텔레비전을 시청하는 것보다 훨씬 신난다."며 "카세트테이프 음악에 손동작을 맞춰 보지만 마음먹은 대로 몸이 움직이지 않아 안타깝다."며 웃음보를 터뜨렸다.

건강 체조, 노래 율동, 실버 댄스는 10여 명 이상으로 구성된 팀이 참가해 경연을 벌인다. 특히 이번 축제의 클라이맥스는 단체 경연 대회가 될 전망이다. 건강 체조, 노래 율동, 실버 댄스 3개 종목에 경로당, 복지관, 주민자치회관의 15개 단체 팀 250여 명이 출전한다.

나정애 성동구 가정복지과장은 "어르신들의 실력이 예상보다 뛰어나 깜짝 놀랐다."며 "앞으로 경로당을 지역의 작은 복지관으로 업그레이드해 나가겠다."고 말했다.

실버 축제는 이호조 구청장이 경로당과 노인 동호회 등을 방문하다가 직접 아이디어를 낸 것으로 전해졌다.

문화일보 노성열 기자 2008-10-22

누가 가장 행복할까?

● 헐랭 영찬 샘의 토론 시간

 헐랭 샘이 교실에 들어서자 이상한 냄새가 나기 시작한다. 아이들이 킁킁거리며 냄새의 출처를 찾는다. 청국장 냄새다. 얼마 전 시골에서 할머니가 가져오신 청국장 냄새와 같다는 동칠이 말에 아이들이 코를 쥔다.

"미안, 몸에 살짝 배었나 보다. 세끼 모두 청국장을 먹었거든. 음~ 이 고향의 냄새! 난 말이다. 시골집에 들어섰을 때 나는 이 청국장 냄새를 맡으면 마음이 편안해지고 근심 걱정이 없어진단다. 너희들도 그런 경험이 있니?"

냄새를 피워 미안하다는 말은커녕 너희 같은 요즘 아이들이 이 인생의 맛을 알기나 하겠느냐면서, 같이 인생은 논할 수 없으므로 '행복'이나 논하자고 하는 헐랭 샘. 그러더니 모두에게 빨간색, 녹색, 노란색 카드를 나누어 준다. 덧붙여 카드의 색이 신호등 색과 같아서 신호등 토론이란 이름을 붙였다고 설명한다.

"자, 내가 논제를 제시하면 너희들은 그에 대해 각자의 의견을 표시하는 거다. 찬성의 입장이면 녹색을, 반대면 빨간색, 중립이면 노란색 카드를 들면 돼. 이렇게 하면 찬성하는 사람과 반대하는 사람이 한눈에 보여 자연스럽게 토론을 할 수 있단다. 알겠지?"

행복은 마음먹기에 따라 달라질 수 있을까?"

◆ **미국** (1인당 GDP 14,330,000달러) 세계 1위의 경제 대국이다. 그간 풍요로움의 상징으로 인식되어 왔으나 2009년 현재, 세계 경제의 불황으로 어려움을 겪고 있다. 경제와 복지 등 여러 분야에서 선진국임에는 틀림없으나 그 풍요를 모든 국민이 고루 보장받지는 못한다.

◆ **대한민국** (1인당 GDP 953,500달러) 우리나라는 30년이라는 짧은 시간 동안 '한강의 기적'이라 불리는 엄청난 경제성장을 이룩했다. 갈수록 양극화가 심화되는 등 여러 문제에 직면해 있지만, 과거에도 여러 시련을 국민적 힘으로 극복해 낸 경험이 있다.

◆ **스위스** (1인당 GDP 423,938달러) 낮은 범죄율, 훌륭한 사회 인프라, 풍부한 레저 활동거리는 국민에게 행복을 주는 매우 중요한 요소이다. 스위스는 세금을 많이 걷는 것으로 유명하다. 그러나 그 세금으로 훌륭한 의료 체계를 갖추어 손쉽게 선진 의료 서비스를 받을 수 있다.

◆ **부탄** (1인당 GDP 1,308달러) 부탄은 히말라야 산맥의 중심부에 묻혀 몇 세기 동안 다른 나라와 동떨어져 존재했다. 문맹률은 53%로 높고, 기대 수명은 55세로 다른 나라에 비해 매우 낮다. 그러나 평온한 자연 속에 동화되어 살아가는 국민들의 성품은 천성적으로 순박하다. 이 나라 전체에 정신과 의사는 두 명뿐이다.

출처: CIA World Factbook (2008 세계 국내총생산(GDP) 순위)

"행복은 마음먹기에 달려 있습니다. 행복은 마음의 상태를 드러내는 것이기 때문에 경제 조건이 반드시 행복을 결정짓지는 않습니다. 예를 들어 컵의 물이 반이나 남았다고 하는 것과 반밖에 남지 않았다고 하는 것의 차이처럼 말입니다. 행복을 받아들일 마음의 준비를 어떻게 하느냐가 중요하지요."

"행복은 경험을 통해 얻습니다. 부탄은 가난하지만 행복 지수가 높다고 해요. 그것은 다른 선진국과 같은 풍요로움의 경험이 없어서 그들과 비교하기 어렵기 때문입니다. 다른 나라에 가서 다른 환경을 배울 수 있는 기회가 있었다면 행복하지 않은 사람이 지금보다 더 많아질 거라 생각합니다."

"민재의 생각에 반대합니다. 선진국의 경우 자살률 등이 더 높습니다. 스스로 불행하다고 생각하는 사람이 많기 때문이지요. 건강할 때는 건강해서 행복하고, 건강하지 않을 때는 더 많이 아프지 않음에 감사하면 행복할 수 있습니다. 감사하는 마음을 갖는다면 어떤 경험을 하든 행복하게 살 수 있을 겁니다."

"마음먹기에 따라 행복한 경우도 있고, 그렇지 않은 경우도 있지요. 인생 뭐 있나요? 용돈 받으면 좋고, 칭찬 들으면 행복하고. 민재를 추천하고 다른 친구를 찍어도 누군가 행복하면 좋고."

▌반듯 샘 특강

신호등 토론

 ### 1. 신호등 토론은 무엇인가요?

어떤 문제에 대해 참가자들이 가진 의견을 빠르게 파악할 수 있는 토론으로, 참가자 다수의 의견을 한눈에 파악할 수 있어요.

2. 신호등 토론은 어떻게 진행되나요?

가. 참가자에게 빨강, 노랑, 초록 카드를 한 장씩 나누어 줘요.

나. 참가자는 사회자가 제시하는 문장을 잘 듣고 찬성이면 초록, 반대면 빨강, 중립이면 노랑 카드를 들어요.

다. 다른 의견을 가진 참가자와 서로의 생각에 대해 묻고 답해요.

라. 참가자가 제시한 주장에 다시 한 번 찬성, 반대, 중립의 카드를 들어 의견을 나타내요.

3. 어떤 점에 유의해야 하나요?

가. 사회자는 찬반 의견이 분명하게 나올 수 있는 내용을 제시해요.

나. 사회자의 발언이나 참가자의 의견을 잘 듣고 찬반 의견을 표시해요.

다. 한쪽으로 의견이 몰리지 않도록 사회자가 발표자를 조절해요.

4. 신호등 토론으로 다룰 수 있는 주제를 더 알려주세요.

– 절약이 미덕이다.

– 생명이 있는 것은 모두 아름답다.

– 행복의 첫 번째 조건은 가족이다.

– 거리에서 구걸하는 사람을 도와주어야 한다.

행복은 나눌수록 커진다

● 반듯 미선 샘의 논술 시간

반듯 샘의 논술 시간이 돌아왔다. 아이들은 반듯 샘과 수업할 때 대답 소리가 가장 크다. 그 중에 유독 대답 소리가 큰 민재를 본 반듯 샘이, 민재가 이번 학기 논술반의 반장을 하면 어떻겠냐고 제안한다.

옆에 있던 동칠이가 분위기를 띄우며 찬성한다.

"샘, 민재가 논술반 반장이 되는 것에 찬성합니다. 민재는 까칠하긴 하나 정의롭고 친구 관계가 좋기 때문입니다."

민재는 순간 이 말을 어디선가 분명히 들은 것 같다고 생각한다.

"그래요. 민재가 까칠하긴 해도 비판적인 생각이 뛰어나니까 선생님의 또래 첨삭을 도와주면 좋겠어요. 민재가 논술반 반장을 하면 좋겠다고 생각하는 사람, 손들어 봐요."

동칠이가 책상 위로 올라가 소리를 지른다.

"저요, 저요, 모두 들자. 저요!"

민재는 논술반 반장이 되었다는 사실보다 반듯 샘을 도울 수 있다는 사실에 더 행복해서, 까불거리며 자신을 지지해 준 동칠이조차 예뻐 보인다.

"플라톤은 '행복의 조건'으로 다섯 가지를 제시했습니다.

첫째, 먹고 입고 살고 싶은 수준에서 조금 부족한 듯한 재산,

둘째, 모든 사람이 칭찬하기에는 약간 부족한 용모,

셋째, 자신이 자만하고 있는 정도에서 절반밖에 인정받지 못하는 명예,

넷째, 남과 겨루어서 한 사람에게 겨우 이기고 두 사람에게는 질 정도의 체력,

다섯째, 연설을 했을 때 청중의 절반만 박수를 치는 말솜씨.

완벽해서 넘치는 것보다는 약간 부족한 것이 행복에 가깝단 말이겠죠?"

반듯 샘은 설명과 함께 글제가 적힌 종이를 나누어 준다. 민재가 뭔가를 열심히 적기 시작한다.

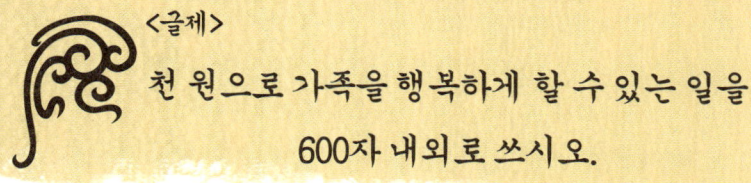

〈글제〉
천 원으로 가족을 행복하게 할 수 있는 일을
600자 내외로 쓰시오.

〈민재의 글〉

엄마가 편찮으시다. 주머니에는 달랑 천 원밖에 없다. 슈퍼마켓을 이리저리 돌아다녀도 마땅히 살 것이 없다. 맛보기 코너에서 햄과 자장면, 만두를 조금씩 집어 먹고 나서야 엄마를 위해 요리를 해 드려야겠다는 생각이 들었다. 아마도 매우 기뻐하시겠지!

그때 버섯 코너에서 깜짝 세일을 한다고 방송이 나왔다.

"천 원 하는 새송이 버섯이 반값이요, 반값!"

옳다구나 생각한 나는 새송이 버섯 한 봉지를 사고 남은 오백 원으로 빨간 피망과 브로콜리를 샀다. 그리고 집으로 돌아와 새송이는 길고 납작하게 썰어서 모양을 내고 피망은 굵게 채 썰고, 브로콜리는 살짝 데쳐서 작게 썰었다. 그리고 셋을 몽땅 모아 살짝 볶았다.

크고 예쁜 접시에 케첩으로 하트 모양을 그리고, 그 안에 버섯과 피망, 브로콜리를 멋지게 담아서 저녁 식탁에 올려놓으니 우리 식구 모두 입을 다물 줄 몰랐다. 엄마의 눈에는 감동의 눈물까지…….

할머니, 할아버지께서는 학교에서 이런 것도 가르쳐 주냐며 대견해하시고, 아빠는 착하다고 칭찬을 하시며 용돈까지 주셨다. 야호! 입을 삐죽이는 단비 빼고 우리 가족의 마음속에서 천 원의 행복이 팡팡 터지는 소리가 들렸다. 아, 행복하다!

안 보면 후회할걸

☰ 1. 책

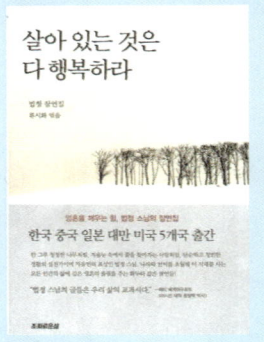

◘ 살아 있는 것은 다 행복하라 / 법정 / 조화로운삶

　행복의 비결은 필요한 것을 얼마나 갖고 있는지가 아니라, 불필요한 것에서 얼마나 자유로운지에 달렸다는 법정 스님의 가르침이 담겨 있다. 그의 법문들에서 130여 편의 대표적인 잠언들을 류시화 시인이 가려 뽑았다.

◘ 시골의사의 아름다운 동행 / 박경철 / 리더스북

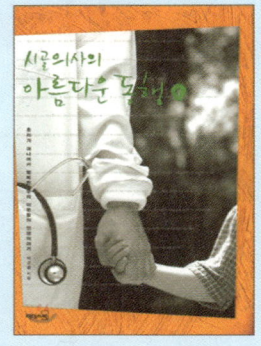

　의사는 환자가 있어야 비로소 존재한다. 결국 의술은 사람을 대하는 일이다. 시골 외과의사 박경철은 아픔을 같이 했던 사람들을 통해 의사로서 진정한 보람과 행복을 느낀다. '내가 지금 잘 살고 있는가?'라는 질문에 답하려 노력하는 삶이 행복하다는 것을 알려 준다.

⚽ 2. 영화

▣ 빌리 엘리어트 / 스티븐 달드리 감독

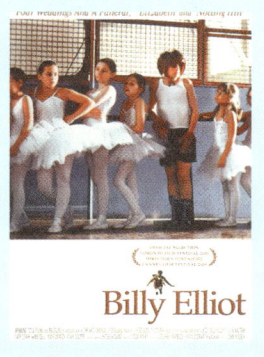

사람은 하고 싶은 것을 할 때 행복하다. 11살 빌리는 권투보다 발레를 할 때 행복하다는 사실을 깨닫는다. 빌리의 열망을 꺾으려 했던 아버지도 아들의 춤을 본 후, 고집을 굽힌다. 빌리의 아름다운 도약에 모두 기뻐한다.

▣ 천국의 아이들 / 마지드 마지디 감독

계획대로 1등이 아닌 3등을 할 수 있을까? 알리는 동생에게 구두를 안겨 주기 위해 어린이 마라톤 대회에 참가한다. 3등 상이 구두이기 때문이다. 어느새 상보다는 함께 달리고 있다는 사실에서 행복을 찾는 알리의 모습이 깊은 여운을 남긴다.

나에게 말걸기

일곱. 성, 아름다운 호기심!

궁금해! 궁금해!

민재는 억울하다. 동영상은 동칠이 것이고 다른 친구들도 모두 동영상을 봤는데, 왜 자기한테만 불똥이 튀는지 모르겠다. 서연이에게 야한 것만 밝히는 이상한 놈으로 찍혔으니, 이를 어쩌란 말인가?

하지만 가만히 생각해 보면, 요즘 민재의 마음은 싱숭생숭하고 이상야릇한 느낌으로 가득하다. 텔레비전에서 연기자가 뽀뽀를 하거나 포옹하는 장면이 나오면 시선이 화면에 철썩 붙어 버린다. 눈을 감아도 그 장면이 눈앞에 아른거린다. 인터넷에서 야한 동영상을 보고 난 후에는 길거리의 사람들도 이상하게 보이고, 부모님을 보기도 괜스레 낯부끄럽다.

예전에는 서연이를 그냥 '친구'로 생각했는데, 요즘은 여자로 보인다. 몰래 서연이의 가슴과 엉덩이를 훔쳐보기도 하고, 서연이와 키스하는 상상을 한 적도 있다.

민재는 그런 자신이 한심하고 창피하다. 이러다 변태가 되는 건 아닌지 걱정스럽다.

성이란

● 반듯 미선 샘의 도덕 수업

여러분, 안녕! 점심시간이 지나서 그런지 선생님한테 꾸벅꾸벅 인사하는 친구들이 있네. 인사들 그만하고 수업에 집중하도록 합시다.

오늘은 여러분의 단잠을 확 깨워 줄 주제에 대해 알아볼까 해요. 오늘의 주제는 바로 '성(性)'입니다. 영어로는 섹스라고 하지요. 졸고 있던 똥칠이가 벌떡 일어났네요.

먼저 '성' 하면 떠오르는 단어를 솔직하고 자유롭게 말해 볼까요?

〈 '성'에 대한 생각 그물〉

야동, 비아그라, 채찍, 불법 다운로드? 똥칠이가 대답을 잘하는 것을 보니 역시 이 분야의 전문가가 확실하군요. '이성 교제, 임신, 낙태, 성폭행, 부끄러움,

죄책감, 불결, 징그러움, 바바리맨' 등의 단어도 나오는군요. 여러분이 이야기한 단어들은 성과 직·간접적으로 관련이 있어요. 그런데 대부분 부정적인 단어들이군요. 과연 성은 이렇게 부정적인 것일까요?

자, 그럼 먼저 성의 개념부터 알아봅시다.

성(性)이란 한자를 잘 살펴보면, 태어날 때(生)부터 마음속(心)에 가지고 있는 것, 즉 태어날 때부터 가진 본능을 의미합니다.

성(性) = 生 + 心: 태어날 때부터 마음속에 있는 것

일반적으로 성은 사람 또는 사물의 본성이나 본바탕, 남성과 여성을 구별하는 육체적인 특징, 사랑과 교감을 전제로 한 성적 관계라는 세 가지 의미가 있어요.

이 중에 흔히 세 번째 의미만을 지나치게 성과 관련지어 생각하기 때문에 문제가 되는 것이지요.

그래서 먼저 성은 자연스러운 것이라는 점을 여러분에게 강조하고 싶어요.

똥칠이가 고개를 끄덕이며 동의하는군요. 우리가 밥을 먹고 잠을 자는 것처럼, 사랑하는 사람을 만지거나 안고 싶은 건 지극히 당연한 현상입니다.

선생님이 여러분과 같은 중학생 때에는 성에 대해 이야기하거나 호기심을 보이면 '이상한 아이, 밝히는 아이'로 낙인찍는 경우가 많았는데, 이렇게 성에 대한 자연스러운 호기심을 지나치게 경계하거나 막는 태도는 좋지 않습니다. 성에 대한 관심은 지극히 자연스러운 것이기 때문에 죄책감이나 죄의식을 가질 필요는 없어요.

성은 이상한 것, 은밀한 것 ➡ 성은 자연스러운 것

그렇다면 문학 작품 속에서는 성이 어떻게 표현되었는지 살펴볼까요?

이 도령이 춘향 옷을 벗기려고 넘놀면서 어룬다. 첩첩산중의 늙은 범이 살진 암캐를 물어다 놓고 이가 없어 먹지 못하고 흐르릉 흐르릉 아옹 어루는 듯, 북해 흑룡이 여의주를 입에 물고 구름 사이로 꿈틀거리는 듯, 단산의 봉황이 대나무 열매를 입에 물고 오동나무 사이를 넘나들 듯, 춘향의 가는 허리를 한 팔로 휘감아 담쑥 안고 기지개를 아드득 떨며 귀도 쪽쪽 빨고 입술도 쪽쪽 빨면서 주홍 같은 혀를 물고 오색으로 아로새긴 순금 장롱 안에 쌍쌍이 오가는 비둘기처럼 꾹꿍꿍꿍 으흥거리며 뒤로 돌려 담쑥 안고 젖을 쥐고 발발 떨며 저고리, 치마, 바지, 속곳까지 벗겨 놓으니 춘향은 부끄러워 한편으로 돌아앉아 있을 제, 이 도령 답답하여 가만히 살펴보니 얼굴은 상기되고 이마에는 구슬땀이 송글송글 앉아 있었다.

"애, 춘향아. 어서 와서 업히거라."

춘향은 부끄러워하며 몸을 옹크리고 돌아앉아 있다.

"부끄럽기는 뭐가 부끄럽니. 이미 다 아는 사인데 어서 와서 업히거라."

이 도령은 다리에 끙 하고 힘을 주며 춘향을 치켜 업었다.

"어따, 똥집이 꽤나 무겁구나. 업히니까 마음이 어떠냐?"

"한껏 좋아요."

– 조현설 〈사랑 사랑 내 사랑아(춘향전)〉(나라말 2002)

작은아기는 평소처럼 혼자 이불 덮고 누웠는데, 왠지 허전하니 잠이 안 오더라네요. 늘 잠이 부족했던 작은아기로서는 생전 처음 겪는 일이었죠.

박 서방이 어디 있나 둘레둘레 찾아보니 삼월 밤바람이 무지 찬데도 툇마루에서 검푸른 하늘을 하염없이 바라보고 앉았더래요. 그때, 여름 산의 칡덩굴 같은 것이 작은아기의 발목부터 칭칭 휘감고 올라오더니 허벅지를 옴짝달싹 못하게 조여 버렸어요. 아랫도리가 그렇게 빡빡해지니까 가슴은 오히려 불타는 듯 뜨거워지고 입술은 절로 벌어지면서 새콤달콤한 침이 마구 고였어요. 작은아기는 저도 모르게 차가운 박 서방의 손을 잡아 제 뜨거운 가슴에 얹었어요. 가슴은 그 몇 년 새, 진달래 동산처럼 봉긋이 부풀어 있었다지요.

박 서방도 작은아기를 빈틈없이 꼭, 꼭, 안아 주더래요. 그러고는 작은아기를 안은 채로 방 안에 들어갔는데, 그제야 진짜로 첫날밤을 치르게 된 거였죠, 뭐.

– 김리리 외 〈호기심〉(창비 2008) 중, 박정애의 〈첫날밤 이야기〉

거기, 똥칠이랑 민재의 눈에서 광채가 나네. 하하. 두 글을 읽으니 어떤 느낌이 드나요?

〈춘향전〉의 '똥집'이란 표현이 웃기기는 한데 좀 민망해요. 이 도령과 춘향이가 어린 나이에 첫날밤을 보냈다고 들었는데, 아름답기보다 너무 야해요. 저 정도면 성인용 아닌가요? 아, 화끈거려.

난 좋기만 하구만. 저 글을 읽으니까 머릿속에서 영상이 막 그려져요. 소설은 교훈만 주는 줄 알았는데, 저렇게 좋은 내용이 있네요. 또 없어요?

두 작품 모두 첫날밤을 묘사해서 야할 줄 알았는데, 오히려 인물들의 따뜻한 마음이 느껴져요. 서로 사랑하는 사이라서 그런가요?

〈춘향전〉을 읽은 학생들은 자신들의 생각과는 달리, 야한 표현이 많다고 말해요. 하지만 이것을 '야하다, 음란하다, 퇴폐적이다'라고 표현하는 것은 맞지 않습니다. 〈춘향전〉의 야함은 자연스러운 사랑의 표현이기 때문이지요. 젊은 아이들이 첫날밤을 보내면서 자신들의 감정을 그대로 드러내며 마음을 나누고 사랑하는 모습, 〈춘향전〉에는 우리 조상들의 인간적인 성에 대한 정서가 꾸밈없이 드러나 있습니다.

두 번째 나온 〈첫날밤 이야기〉는 두 인물의 애틋함을 잘 표현하고 있습니다. 이렇게 성은 서로에 대한 이해와 사랑을 바탕으로 이루어지는 아름다운 행위라고 할 수 있어요.

성은 부끄러운 것 ➔ 성은 아름다운 것

우리의 성과 몸이 아름답다는 이야기를 또 하나 해 볼게요.

사람의 몸은 시대와 공간을 초월하여 예술의 주된 소재가 되어 왔지요.

아래의 조각상을 보면서 얘기해 봅시다.

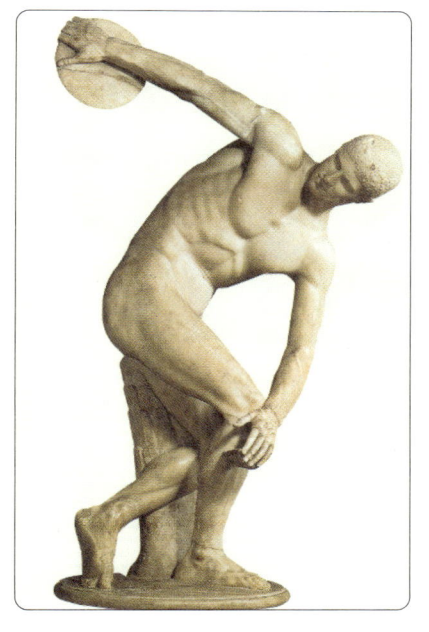

〈원반 던지는 사람〉

〈비너스 상〉

남성상은 국립 로마 박물관에 전시되어 있는 미론의 〈원반 던지는 사람〉이고, 여성상은 프랑스 루브르 박물관에 전시되어 있는 〈비너스 상〉입니다. 두 그림을 살펴보면 남성과 여성을 구분 짓는 성적 분위기가 아름답게 표현되어 있음을 알 수 있지요. 어때요? 야하다거나 음란하다는 생각이 드나요?

남성의 역동적인 팔 근육이 섬세하게 조각되어 있네요. 원반을 잡은 손가락의 모양도 잘 드러나고요. 균형 잡힌 팔 근육의 곡선에서 유연함과 강함이 느껴져요.

원반 던지는 형님의 운동으로 다져진 근육과 뼈가 멋져 보여요. 저기에다 빨래해도 되겠어요.

〈비너스 상〉의 목선에서는 부드러운 느낌이 드네요. 어깨선과 조화를 이루어서 곱고 부드러운 느낌이 들어요. 마치 살아 있는 것 같아요.

비너스의 배는 우리 엄마 통배와 차원이 다르네요. 허리선도 안정적인 느낌을 주고 부드러워요.

이번에는 〈생명의 선〉이라는 발레 작품의 한 장면을 봅시다.

얼마 입지도 않은 옷이 몸에 착 달라붙기까지 하지만, 이상하거나 징그럽기보다는 멋지다는 느낌이 들죠?

이렇게 인간의 신체와 성은 자연스럽고 아름다운 것입니다. 하지만 여러분이 접하는 음란물은 성을 가볍게 생각하게 하고 이성을 성적 대상으로만 보게만듭니다. 또한 자극적인 장면만을 전달하기 때문에 성에 대해 왜곡된 인식을심어 주지요.

그러니 오늘 집에 돌아가거든 불법 다운로드 받아 둔 자료들 모두 삭제하세요. 알겠지, 똥칠이?

내 몸의 변화로 알아보는 성

● 명랑 예리 샘의 성교육 시간

명랑 샘이 교탁에 서서 아이들을 향해 나긋나긋한 목소리로 말한다.

"이번 시간에는 성교육을 하기로 했죠? 우선 청소년기에 나타나는 제2차 성징에 대해 알아보겠어요."

명랑 샘의 진지한 수업 예고에 동칠이와 민재는 따분한 표정을 짓는다.

"저희는 이미 이론은 안 봐도 비디오, 안 들어도 오디오예요. 특히 민재는 이 분야의 전문가로서 저희들의 정신적인 지주죠."

동칠이의 공격이 시작되자 민재가 바로 반격에 나선다.

"똥칠이는 이 분야의 행동대원으로 모든 자료를 가지고 있어요. 선생님도 자료 필요하시면 똥칠이에게 말씀하세요."

"똥칠이와 민재는 성에 대해 모든 것을 통달한 도사님이구나. 몰라봤네. 그럼 똥칠이와 민재가 청소년기에 겪게 되는 제2차 성징에 대해 칠판에 적어 보자. 똥칠이는 여성의 변화를, 민재는 남성의 변화를 아는 대로 써 볼래?"

민재는 '몽정, 변성기, 아담스 애플, 콧수염'을, 동칠이는 '유방, 생리, 허리 잘록 궁디 빵빵, 겨털'을 쓴다. 동칠이와 민재가 단어를 하나씩 적을 때마다 아이들은 환호와 비명을 동시에 질러댄다.

"두 학생 모두 전문가답게 잘 적었네요. 그럼 지금부터 각 성징들에 대해 잠시 설명해 볼까요? 민재부터 여성의 변화를 이야기해 보렴."

"여성의 경우 사춘기에 접어들면 가슴이 커지기 시작합니다. 그리고 생리를 하게 되는데, 생리를 한다는 것은 생명을 잉태할 수 있는 위대한 능력을 가지게 되었음을 의미해요."

민재의 설명에 남학생들은 감탄사를, 여학생들은 이상한 야유를 보낸다. 명랑 샘이 동칠이에게 남성의 성징을 이야기해 보라고 하자, 동칠이가 자신 있는 표정으로 설명을 시작한다.

"그동안 제가 나름 연구하고 조사한 모든 지식을 총망라하여 울트라 캡숑 쌈빡하게 설명할게요. 특히 아직 발달이 덜 된 남학생들, 돈 주고도 못 들을 테니까 잘 듣도록!

사춘기가 되면 남자들은 신체 곳곳에 털이 납니다. 그리고 목소리도 조금씩 굵어져요. 목소리 때문에 노래를 부르다가 삑사리가 나곤 하죠. 비엔나 소년 합창단의 경우, 변성기가 지나면 소년 특유의 부드럽고 고운 목소리를 잃어 더 이상 합창단에서 노래를 부를 수 없대요. 그리고 이건 말하기 쑥스러운 건데요, 꿈에 아름다운 여성이 나타나면 실수를 하기도 해요. 몽정이라는 건데, 잠을 자면서 사정을 하는 거예요."

여학생들의 야유와 남학생들의 웃음이 한바탕 뒤섞인다.

"몽정할 때 느낌이 어때?"

유나가 당돌하게 묻자 다시 한 번 함성이 터져 나온다.

아이들의 소리가 잦아들 때쯤, 동칠이가 입을 연다.

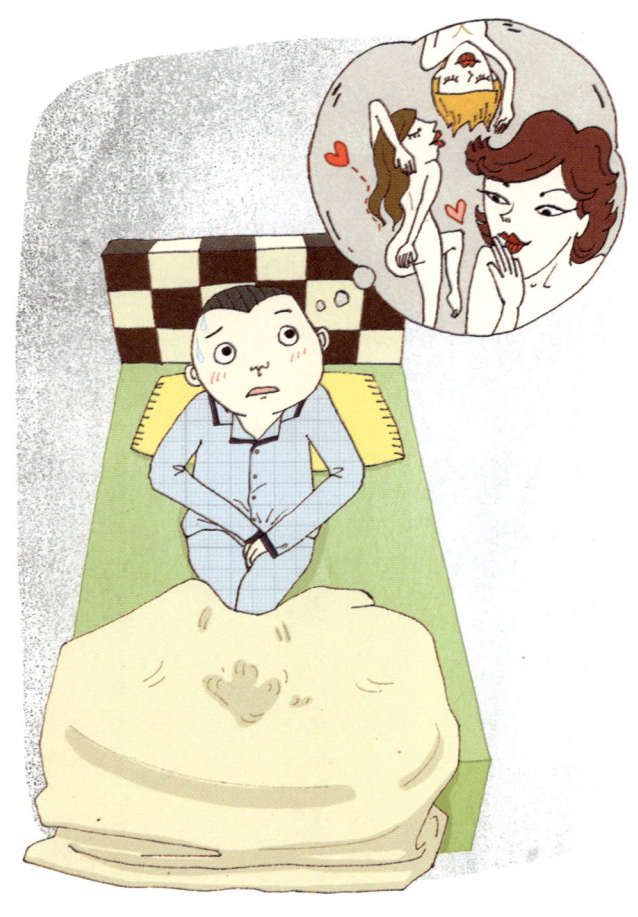

"음……. 양탄자를 타고 하늘을 나는 꿈을 꾸었는데 깨고 보니 걸레를 깔고 잤다는 걸 알았을 때의 느낌이랄까! 웃어야 할지 울어야 할지 모르는 황당한 시추에이션이지."

많은 남학생들이 고개를 끄덕이며 공감하는 반면, 대부분의 여학생들은 알아들을 수 없다는 표정이다.

명랑 샘의 설명이 이어진다.

"민재와 똥칠이가 설명을 아주 잘해 줬어요. 과연 전문가답군요. 똥칠이의 설명에 남학생들은 공감을 하는데, 여학생들은 공감은커녕 거부 반응을 보이는 것 같아요. 그래서 이번에는 성역할을 바꾸어 서로를 이해해 보는 시간을 갖도록 하겠어요."

명랑 샘은 아이들에게 모둠별로 다음과 같은 역할 카드를 나누어 주고, 상대방의 입장이 되어 보자고 한다.

여학생이 맡은 역할 카드

• 성기 주변이나 겨드랑이, 얼굴에 수염이 거뭇거뭇 생겨요.

☞ 생활에 어떤 변화가 있을까요?

여학생이 맡은 역할 카드

• 꿈속에서 성적 흥분을 경험하며 몽정을 해요.

☞ 생활에 어떤 변화가 있을까요?

남학생이 맡은 역할 카드

• 한 달에 한 번씩 생리를 해요.

☞ 생활에 어떤 변화가 있을까요?

남학생이 맡은 역할 카드

• 가슴이 점점 커져서 상체가 무거운 느낌이 들어요.

☞ 생활에 어떤 변화가 있을까요?

명랑 샘은 제2차 성징이야말로 어른이 되어 가는 아름다운 과정이며, 내 몸이 어른이 되기 위해 성숙한 준비를 하는 시기라고 설명을 덧붙인다.

열쇠말

| 사랑 | 이성에게 끌려 열렬히 좋아하는 마음의 상태. 어떤 사물이나 대상을 몹시 아끼고 귀중히 여기는 마음의 상태를 뜻한다. |

사랑 이성에게 끌려 열렬히 좋아하는 마음의 상태. 어떤 사물이나 대상을 몹시 아끼고 귀중히 여기는 마음의 상태를 뜻한다.

성징 남과 여, 암컷과 수컷을 구별하는 형태적, 구조적, 행동적 특징. 생식 기관의 차이는 제1차 성징이라고 하고, 그 외 남녀, 암수의 성별을 나타내는 형질을 제2차 성징이라고 한다.

이성 교제 청소년기에 우정과 애정을 가지고 이성을 사귀는 일. 이성과 사귀면서 서로의 생각과 관심을 이해하고, 자신의 인격 성장에 도움이 되도록 교류하는 것을 의미한다.

양성평등 여성과 남성이 동등한 위치에서 사회의 각 분야에 참여하여 권리와 이익을 누리는 것이다.

우리 집 이야기

　나에겐 남들에게 말하지 못할 고민이 하나 있었다. 친구들은 보통 초등학교 때 첫 생리를 경험하는데, 나는 중학생이 된 지 한참이 지났는데도 아무런 신호가 없었던 것이다.

　그런데 며칠 전 아침, 화장실에서 속옷에 선홍빛 피가 맺힌 것을 보았다. 나는 화장실에서 뛰어나와 요란스레 엄마를 찾았다.

　"엄마, 엄마! 드디어 나도 그거 했어!"

　엄마와 온 가족들이 화장실로 몰려왔다.

　"창피한 것도 모르고 왜 저런담!"

　민재가 핀잔을 주었다.

　엄마는 나를 조용히 방으로 데려가 생리 후 가져야 할 몸가짐에 대해 설명해 주셨다.

　아랫배가 살살 아픈 것 같기도 하고, 온몸이 찌릿찌릿한 것 같기도 했다. 기분이 이상했다. 다행스럽기도 하고, 한편으로는 두렵기도 했다. 이제 나도 어른이 되는 건가?

　그날 저녁, 아빠는 장미꽃 한 다발과 케이크를 사 가지고 오셨다.

　"우리 단비, 이제 진정한 여자가 되었구나. 축하해! 아빠는 단비가 정말 대견하구나."

　"아빠! 축하해 주셔서 감사한데요, 좀 부끄럽고 어색해요."

내가 쑥스럽게 대답하자, 엄마가 찬찬히 설명해 주셨다.

"단비야, 그건 부끄러운 것이 아니야. 네 안에 소중한 생명을 맞이할 준비가 되었다는 표시란다. 이 사실을 잊지 말고 이제부터 네 몸을 더욱 소중히 여겨야 해."

나는 방긋 웃으며 아빠와 엄마의 품에 안겼다.

아빠가 감회에 젖은 표정으로 나에게 말씀하셨다.

"걸음마 시작할 때가 엊그제 같은데, 벌써 숙녀가 다 되었구면. 남자 친구는 있어? 그냥 친구들 말고, 진지하게 사귀는 이성 친구 말이야."

"아직은 없어요. 하지만 곧 생길지도 모르죠. 엄마 아빠는 제가 이성 교제를 하는 것에 대해 어떻게 생각하세요?"

나의 갑작스런 질문에 아빠와 엄마 쉽게 대답하지 못하셨다.

'이성 교제 눈뜬 아이' 무조건 막다간 탈나요

초등학생들의 이성 교제는 이제 자연스러운 일이 됐다. 일찌감치 이성에 눈을 뜬 우리 아이, 부모가 어떻게 도와줘야 할까? '아동가족상담센터' 이보연 소장과 '아하! 청소년성문화센터' 김은주 교육사업팀장의 도움말로 초등학생 자녀의 건강한 이성 교제를 위해 부모가 가져야 할 태도와 지도법 등을 알아봤다.

■ 인정해 주자

무조건 "안 돼!"라고 하기보다는 아이가 자라면서 거치는 자연스러운 발달단계의 하나로 받아들이고 허용해 주는 것이 좋다.

■ 터놓고 이야기하자

자녀와 함께 이성에 대해 터놓고 이야기할 수 있는 분위기를 만들어 주는 것도 필요하다. 자녀가 먼저 말을 꺼내기가 어색할 경우에는 엄마 아빠가 먼저 이성 친구를 처음 사귀었을 때의 경험을 들려주는 것도 좋다.

■ 공개적으로 사귀게 하자

아이의 이성 교제를 허락했다면 부모가 가장 먼저 해야 할 일은 교제가 공개적으로 이뤄질 수 있도록 아이들과 약속하고, 그 약속이 지켜지도록 도와주는 것이다.

■ 집단 활동을 통해 어울리게 하자

이성과 단둘이 있으면 얼굴만 붉힌 채 안절부절못하는 경우가 많기 때문에 일대일 만남보다는 건전한 집단 활동을 통해 자연스럽게 이성 친구들과 어울릴 수 있는 기회를 줄 필요가 있다.

■ 분명한 의사 표현을 하게 하자

강제적인 신체 접촉 등 '데이트 성폭력'은 아이들 사이에서도 나타날 수 있으므로 사전에 교육할 필요가 있다. 김 팀장은 "이성 친구와 만났을 때 원하지 않는 신체 접촉이나, 싫은 느낌이 드는 스킨십이 있을 경우 단호하게 '싫다'고 말하도록 가르쳐야 한다."고 말했다.

한겨레 이종규 기자 2008-10-26

이성 교제가 나쁜 거야?

● 헐랭 영찬 샘의 토론 시간

헐랭 샘이 교실에 들어와서는 갑자기 선생님의 사랑 이야기를 들려주겠다고 한다. 그러자 우리의 민재가 한 마디 하고 나선다.

"선생님, 원래 그런 이야기는 저희들이 들려 달라고 아우성치고 그러면 마지못해 해 주셔야 하지 않나요? 아이들이 별로 원하지 않는데요."

동칠이도 민재의 말을 이어받는다.

"맞아요, 선생님! 제 연애 사업만 해도 머리가 아픈데, 선생님의 연애 이야기까지 들어 드릴 마음의 여유가 없어요. 차라리 제 연애 이야기를 해 드리면 안 될까요?"

성격 좋은 헐랭 샘은 전혀 개의치 않고 이야기를 이어 간다.

"애들이 나를 완전 무시하네! 이래 봬도 왕년에 여자들이 줄줄 따랐어. 그 여자들이랑 먹다 버린 짬뽕 국물만 해도 똥칠이 너 하나쯤은 익사시키고도 남을 게다. 아무튼 똥칠이 너, 다음에 재미있는 이야기해 달라고 하면 국물도 없어."

"에이, 선생님도 서연이처럼 무슨 트리플 A형이신가요? 저는 선생님을 진심으로 사랑합니다."

헐랭 샘은 아이들의 웃음이 끝날 때까지 동칠이의 머리를 심하게 쓰다듬어 준다.

"지금부터 청소년의 이성 교제에 대해 토론해 보자. 이성 친구 있는 인간 손 들엇!"

삼분의 일 정도의 학생이 손을 들자, 헐랭 샘은 의외로 많은 숫자라고 하며 어떻게 이성 친구를 사귀게 되었는지 물어본다.

아이들은 초등학교 동창, 학교 친구, 학원 친구, 동아리 회원 등으로 이성 친구와 만났다고 한다.

"그러면 너희들은 청소년의 이성 교제를 찬성하는 입장이냐? 이성 교제는 양면성을 가지고 있다고 보는데, 자기가 생각하는 이성 교제의 장단점에 대해 간단히 이야기해 볼까?"

이성 교제는 상대의 성을 자세하고 정확하게 알게 하기 때문에 꼭 필요해요. 서로 어울려 지내면 좋잖아요.

이성 교제로 인한 문제점이 많이 생기고 있어요. 학업에 지장을 주기도 하고, 이성 친구에 대한 지나친 관심으로 동성 친구나 가족에게 소홀해질 수도 있어요.

헐랭 샘은 아이들의 대답을 듣고 좀 더 심화된 토론 주제를 제시해 준다.

"좋은 이성 관계를 유지하기 위해서는 호기심을 조절하고 상대방을 존중하며 서로 협력하는 사이가 되어야 한단다. 자, 그렇다면 이성 교제를 할 때, 어느 정도의 스킨십까지 가능하다고 생각하니?"

아이들이 웅성거리는 동안 헐랭 샘은 교실의 사각 모서리에 각각 가, 나, 다, 라 카드를 붙인다.

"오늘은 모서리 토론 방식으로 해 보자. 선생님이 4가지의 상황을 각 모서리에 두었다. 각자 자신의 생각과 일치하는 곳으로 이동!"

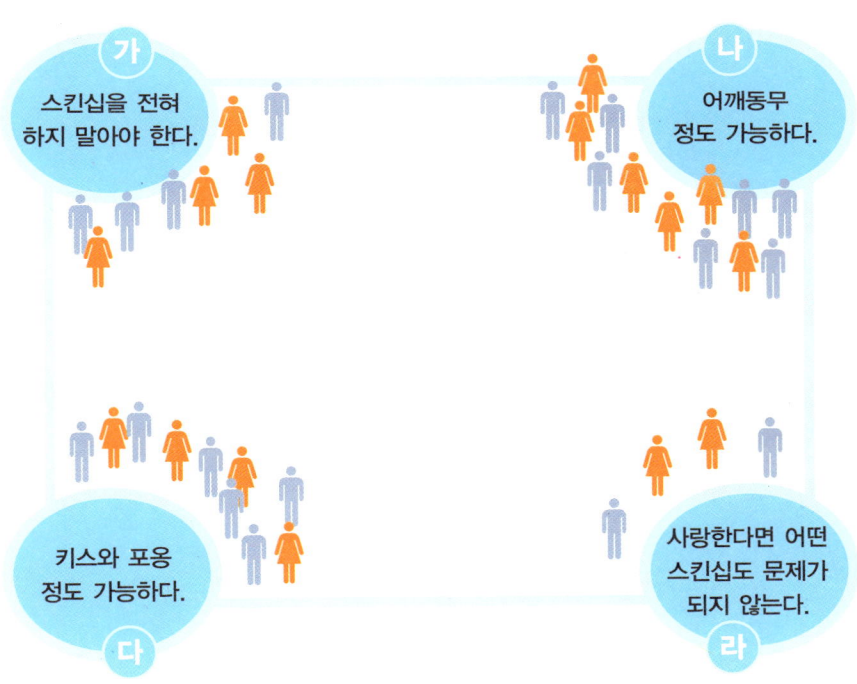

〈가〉 모서리

스킨십을 전혀 하지 말아야 한다.

청소년들은 자신의 몸을 소중히 여기고, 아낄 필요가 있습니다. 스킨십을 하기 시작하면 더 진한 스킨십을 하고 싶은 마음이 들 수 있습니다. 이는 학생의 본분인 학업에도 방해가 됩니다. 스킨십을 하지 않아도 서로의 마음을 충분히 알고 감정을 교류할 수 있습니다.

〈나〉 모서리

어깨동무 정도 가능하다.

지나친 스킨십도 문제이지만, 전혀 스킨십을 하지 않는다는 의견도 바람직하지 못합니다. 스킨십은 개인의 감정과 마음을 표현하는 자연스러운 행동입니다. 손을 잡으면 상대의 따뜻함이 느껴지고, 어깨동무를 하면 친밀감이 생기기 때문에 이 정도는 괜찮다고 생각합니다.

〈다〉 모서리

키스와 포옹 정도 가능하다.

요즘 학생들은 많이 성숙했고 개방적인 사고를 가지고 있습니다. 청소년들도 감정을 자유롭게 표현할 권리가 있고, 충분히 자제할 수 있는 능력이 있습니다. 그러므로 사랑하는 사람끼리 포옹하고 키스하는 정도는 괜찮다고 생각합니다.

〈라〉 모서리

사랑한다면 어떤 스킨십도 문제가 되지 않는다.

여기 몇 명 안 와서 난감한데요. 저는 사실 어떤 스킨십도 다 좋다고 생각해서 여기 왔어요. 스킨십은 성적 욕구만을 의미하는 것이 아니라, 상대방에 대한 사랑의 표현이기 때문에 예의와 책임을 다한다면 어떤 스킨십도 문제 되지 않는다고 생각합니다.

■ 반듯 샘 특강

모서리 토론

1. 모서리 토론은 무엇인가요?

어떤 문제에 대해 각자의 입장에 해당하는 모서리로 이동한 후, 서로 생각의 차이를 비교하고 이해하는 토론이에요.

2. 모서리 토론은 어떻게 진행되나요?

가. 모서리로 이동하기 위해 4가지 경우의 수가 가능한 문제와 예시를 제시해요.
나. 자신의 생각과 가까운 모서리로 이동한 후, 친구끼리 의논하고 토의해요.
다. 모서리 대표를 선정하여 모서리에 모인 이유를 전체에게 발표해요.
라. 생각과 입장이 바뀐 사람은 모서리를 이동할 수 있게 해요.
마. 상대방의 논거를 꺾을 수 있는 지정 발표나 순환 발표 시간을 줘요.

3. 어떤 점에 유의해야 하나요?

가. 한쪽 모서리에 사람이 많이 몰릴 경우, 적절한 공간을 확보해 주어야 해요.
나. 각 모서리 별로 논거를 대고 상대를 공격하는 등 상호 토론의 형태를 취할 수 있어요.
다. 다른 모서리를 공격하기 전에 자신의 논거를 분명히 밝혀요.

4. 모서리 토론으로 다룰 수 있는 주제와 예를 더 알려 주세요.

– 토론 주제: 두발 자유화는 어떻게 해야 할까요?
가 모서리 – 규칙이기 때문에 엄격히 제한한다.
나 모서리 – 길이나 스타일은 자유롭게 한다.
다 모서리 – 파마, 염색을 제외하고 모든 것을 허용한다.
라 모서리 – 학생의 자율에 완전히 맡긴다.

올바른 성의식을 갖자

● 반듯 미선 샘의 논술 시간

교실에 들어온 반듯 샘이 아이들을 향해 질문을 던진다.

"지금까지 성에 대해 살펴보았습니다. 성에 대해 생각의 변화가 있다면 말해 볼까요?"

동칠이가 진지한 표정으로 말한다.

"음란물이 성에 대해 잘못된 인식을 심어 줄 수 있다는 걸 깨달았어요. 앞으로는 음란물을 절대 보지 않……을 수는 없고, 절제하겠습니다."

동칠이에 이어 민재가 소감을 말한다.

"서연이에게 '짐승'이라는 말을 들었을 때는 너무 화가 났는데, 돌이켜 보니 그 말이 아주 틀린 것은 아니었어요. 언제부턴가 여성을 성적 대상으로만 여겼던 것 같거든요. 여러 가지 원인이 있겠지만 음란물을 보면서 그런 의식이 싹튼 게 아닌가 싶습니다. 앞으로 열심히 수양해서 인간으로 거듭나겠습니다."

민재의 말을 듣고 서연이가 입을 연다.

"성에 대한 호기심은 지극히 자연스러운 것이고, 겉으로 드러내지 않을 뿐 저도 같은 호기심이 있는데, 민재를 '짐승'이라고 매도한 건 제가 심했어요."

선생님은 아이들의 의견이 흡족한지 밝게 웃으며 글제를 내준다.

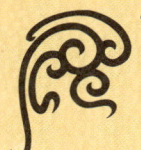

〈글제〉
습관적으로 야동을 보는 친구에게
편지를 써 보자.

〈동경이의 글〉

밤샘아, 안녕!

네 눈 밑에 생긴 다크서클 때문에 오늘도 판다 곰이 되어 버렸구나. 어제도 야동 보느라 잠을 설친 거니?

나도 야동을 본 적이 있는데, 시간 가는 줄 모르고 보게 되더라. 우리 나이에 야동을 보고 싶은 건 지극히 당연한 일일 거야. 사춘기는 성에 대한 호기심이 왕성하게 생기는 시기니까. 하지만 야동은 성적 관계를 갖기 전에 서로를 사랑하는 마음이나 자연스럽게 서로를 허용하는 과정을 보여 주지 않아. 그런 야동을 습관적으로 보다가는, 성에 대해 왜곡된 생각을 갖게 될 위험이 커.

물론 야동의 유혹을 뿌리치기가 쉽지 않다는 건 나도 인정해. 게임을 끊는 것만큼이나 힘들지.

이렇게 해 보면 어떨까? 야동이 보고 싶을 때마다 팔굽혀펴기나 윗몸일으키기를 하는 거야. 물구나무를 서는 것도 괜찮겠다. 간단한 운동은 머릿속을 맑게 하거든. 다른 친구들과 함께 농구나 축구를 할 수 있다면 더 좋겠지. 그러면 정신도 육체도 건강해지니까 일석이조 아니겠니?

밤샘아, 넌 할 수 있을 거야. 야동을 끊는 그날까지, 아자!

안 보면 후회할걸

≣ 1. 책

▣ 고마워 성, 반가워 사춘기 / 정미금 / 한솔수북

열흘 동안 하루에 한 살씩 먹는 예민, 강민 남매의 신기한 체험. 성에 대한 체험을 가슴, 생리, 털, 몽정, 포경, 임신, 성폭력, 음란물 등의 주제로 무겁지 않게 다루고 있다. 자신의 체험과 비교해 보면 더 재미있을 것이다.

▣ 이름 없는 너에게 / 벌리 도허티 / 창비

서로를 사랑한다고 믿으며 키스를 하듯 자연스럽게 성관계를 가졌으나 임신이라는 엄청난 결과 앞에 당황하는 고등학생 헬렌과 크리스. 그들의 고민과 선택을 그린다.

▣ 호기심 / 김리리 외 / 창비

어른 몰래 자기들만의 시공간으로 숨어드는 청소년의 현실을 직시하면서, 그들의 서툰 사랑과 실수를 있는 그대로 보여 준다. 때로는 우습고, 때로는 감동적이며, 때로는 당황스러운, 청소년의 성과 사랑에 관한 일곱 가지 이야기가 펼쳐진다.

⚽ 2. 영화

▣ 몽정기 / 정초신 감독

청소년기는 온몸으로 꿈을 꾸는 짜릿한 시기이다. 이 영화는 사춘기에 접어든 중학교 남학생들의 성적 호기심을 때로는 진지하게 때로는 유쾌하게 풀어낸다. 교생 선생님 유리를 향한 2학년 6반 4총사의 황당무계한 성적 호기심이 밉지 않게 그려진다.

▣ 주노 / 제이슨 라이트먼 감독

교내 밴드에서 기타를 치고, 슬래셔 무비와 하드코어 락을 좋아하는 독특한 소녀 주노는 평소 점찍어 뒀던 상대인 블리커와 하룻밤을 보낸 뒤 임신을 한다. 주노는 차마 수술을 하지 못하고, 아이를 바네사와 마크라는 불임 부부에게 주기로 한다. 배 속에 아이를 품고 있는 아이가 가르쳐 주는 사랑의 진실을 알 수 있다.

나에게 말 걸기

초판 1쇄 발행 · 2009년 5월 8일
초판 5쇄 발행 · 2015년 5월 28일

지은이 · 강용철, 김영찬, 정미선
그린이 · 최정미
펴낸이 · 강일우
책임편집 · 이용포, 송기철, 최윤영, 최영은
디자인 · 강씨닷컴
맥편집 · 김명희
펴낸곳 · (주)창비
등록 · 1986년 8월 5일 제85호
주소 · 413-120 경기도 파주시 회동길 184
전화 · 031-955-3390
팩시밀리 · 영업 031-955-3399 편집 031-955-8228
홈페이지 · www.changbiedu.com
전자우편 · textbook@changbi.com

ⓒ 강용철 외 2명, 최정미 2009
ISBN 978-89-364-7165-1 43370